틴~꿈 십대성경공부 | 성경개관 시리즈 4

성경,
한눈에 쏘옥~

성경파노라마 신약1

이대희 지음 | 바이블미션 편

엔크리스토
ENCHRISTO

인생의 기초를 성경으로 다져라

십대는 두 번 다시 돌아갈 수 없는 인생에서 귀한 시기입니다.
앞으로 인생을 살아가는 데 있어 기초를 다지는 시기로, 십대를 어떻게 보내느냐에 따라 인생이 달라집니다.

우리가 사는 세상에는 십대를 유혹하는 잘못된 문화와 가치관들이 너무 많습니다.
세상에 물들지 않고 성경적 가치관과 하나님의 나라를 꿈꾸며 살아갈 수 있는가 하는 것은 모든 십대뿐 아니라 십대를 지도하는 부모와 교사들이 갖는 중요한 관심사입니다.

십대들을 영원히 지켜줄 수 있는 것은 오직 말씀입니다.
이 시기에 하나님의 말씀으로 얼마나 무장하느냐에 따라 미래의 삶이 결정됩니다.
성경으로 인생의 기초를 다지는 일은 그 어떤 일보다 중요한 일입니다.

틴~꿈 십대성경공부 시리즈는 성경 자체를 배우면서 십대의 삶을 가꾸는 내용으로 구성되었습니다. 일차적으로 성경개관을 통해 성경 전체의 맥을 잡고, 그 다음으로 구약성경책과 신약성경책을 통해 십대에 관계된 성경의 각권을 선택하여 공부하도록 했습니다.
자매 시리즈인 아름다운 십대 성경공부 시리즈와 함께 연결하여 사용하면 균형 있는 교과과정이 됩니다.

아무쪼록 이 성경공부 교재를 통해 성경적 비전을 품고 말씀과 일치를 이루는 하나님의 사람으로 자라나길 기도합니다.
오직 주님께 영광을…….

이대희

틴~꿈 십대성경공부 시리즈 교재의 특성

1_ 십대들이 꼭 알아야 할 핵심내용과 성경적인 가치관과 세계관을 정립하는 성경공부입니다.

2_ 귀납적 형태를 띤 이야기대화식으로 탐구능력을 키우고 생각을 점차 열리게 하는 흥미로운 성경공부입니다.

3_ 자유로운 토의와 열린 대화를 활발하게 하는 소그룹에 적합한 성경공부입니다.

4_ 영적 사고력과 해석력, 분별력을 키우면서 스스로 적용능력을 점차 극대화시켜 주는 성경공부입니다.

5_ 본문중심 성경공부로, 성경이야기 속으로 빠져들어 말씀의 성육신을 경험하는 성경공부입니다.

6_ 흥미와 재미를 유도하는 주제로 구성되어 있고, 모두가 쉽게 참여하면서 영적 깊이와 변화를 체험하게 하는 전인적인 성경공부입니다.

7_ 성경공부를 통하여 자연스럽게 학과공부와 전인교육에 필요한 논술력, 사고력, 상상력, 창의력, 응용력을 함께 계발시키는 성경공부입니다.

8_ 분반공부와 제자훈련 등 시간(30분, 1시간, 1시간 30분)을 탄력적으로 운영하며 사용할 수 있는 성경공부입니다.

9_ 15년 동안 준비하고 실험한 성경공부 사역 전문가에 의하여 검증된 효과적인 공부 방법과 총체적이며 전인적인 교과과정이 체계적으로 구성된 신뢰할 만한 성경공부입니다.

틴~꿈 십대성경공부 시리즈 전체 양육과정표

'틴~꿈 십대성경공부 시리즈'는 1년 단위로 5권씩 3년동안 성경 전체의 내용을 핵심적으로 다루도록 구성되었습니다. 1년차는 성경 파노라마를 통해 성경의 맥과 개관을 다룹니다. 그리고 구약책과 신약책 중에서 십대에 맞는 책을 선택하여 집중적으로 유형별로 균형 있게 공부하도록 했습니다. 십대 시기에 성경의 맛을 직접 느끼게 함으로써, 앞으로의 삶 속에서 성경을 계속 배우고 실천하는 데 도움을 주는 방향으로 내용을 구성했습니다. 십대를 마칠 때는 적어도 성경의 중요한 맥과 뼈대를 잡고, 성경의 내용을 각권별로 조금씩이라도 살아 있는 말씀으로 경험한다면 평생동안 말씀과 함께 사는 데 큰 도움이 될 것입니다.

	성경개관 시리즈	구약책 시리즈	신약책 시리즈
1권	**성경파노라마 – 구약1** 성경, 한눈에 쏘옥~	**창세기** 인생의 뿌리, 꽉– 잡아라	**누가복음** 최고의 멘토, 예수를 만나라
2권	**성경파노라마 – 구약2** 성경, 한눈에 쏘옥~	**에스더** 영적 거인, 빼– 닮아라	**로마서** 내 안의 복음발전소
3권	**성경파노라마 – 구약3** 성경, 한눈에 쏘옥~	**다니엘** 나는 바이블 영재!	**사도행전** 글로벌 증인이 되어라
4권	**성경파노라마 – 신약1** 성경, 한눈에 쏘옥~	**잠언** 지혜가 최고야!	**빌립보서** 기쁨을 클릭하라
5권	**성경파노라마 – 신약2** 성경, 한눈에 쏘옥~	**전도서** 인생이 보인다!	**요한계시록** 인생승리, 폴더를 열어라

- 각 과는 10과 내외로 구성되어 있으며, 3년 과정으로 중고등부가 모두 사용할 수 있습니다. 각 교회 상황에 따라 순서에 상관없이 책을 자유롭게 선택하여 사용 가능합니다. 과정을 계속 이어가기를 원하면 "아름다운 십대 성경공부 시리즈"(3년차)와 연관하여 사용할 수 있습니다.

차례

■ 성경 전체 지도 ■

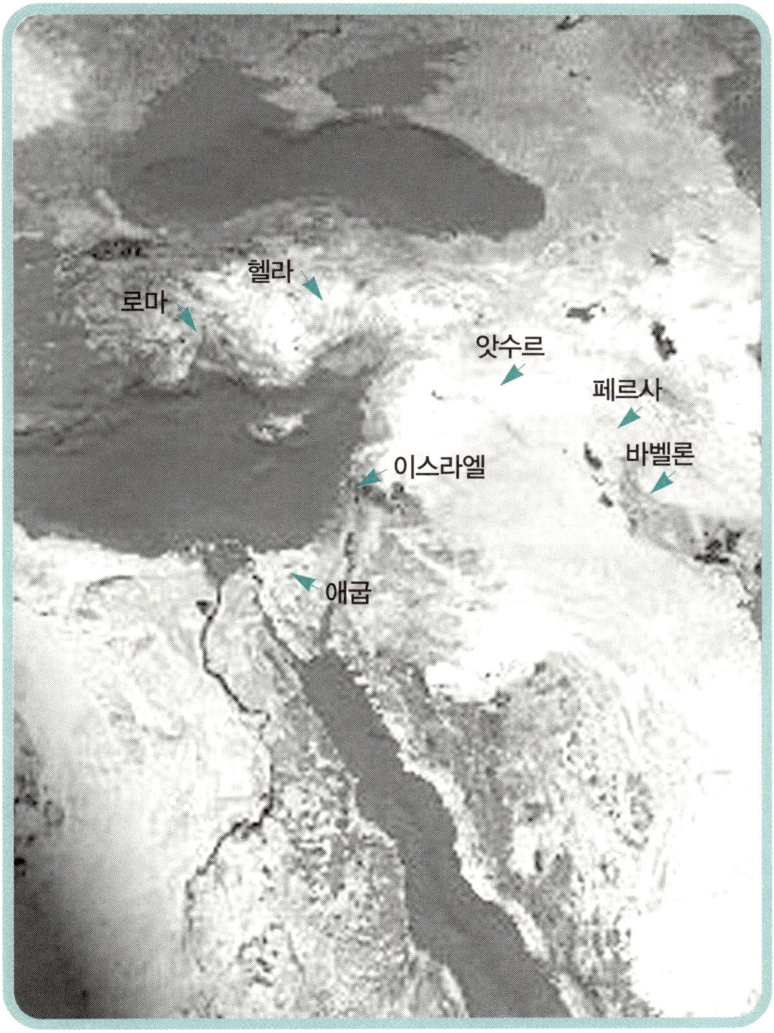

복음서 - 사도행전 - 서신서 시대 파노라마

1. 구약의 하나님의 뜻은 누구를 통해서 온전히 성취되었는가? – 원리

구약 - 그리스도의 예언, 숨겨진 의(그림자복음)

↓

신약 - 예언의 성취, 나타난 의 - 복음

세계인 - 요한복음 "하나님의 아들"

성육신

인간왕
유대인 - 마태복음
"왕 - 만왕의 왕"

로마신
로마인 - 마가복음
"종 - 섬김"

헬라인 - 누가복음
"사람의 아들 - 인자"

2. 복음의 원리(뜻)는 어떻게 이루어 가야 하는가? – 해석과 적용

사도행전 - 초대교회 역사 증거(증인) → 선포

행 1:8 →

- 행1-6장/ 예루살렘, 유대 — 베드로 →
- 행7장/ 스데반 순교 — 바나바 ↓
- 행8-12장/ 사마리아, 이방선교 준비 — 빌립
- 행13-14장/ 1차 선교(소아시아) → 갈 — 바울
- 행 15장/ 예루살렘 회의
- 행16-18장/ 2차 선교(유럽1) → 살전후
- 행19-21:16/ 3차 선교(유럽2) → 고전후, 롬

행21:17-28장/ 4차 선교(유럽3) 예루살렘/ 로마/ 서바나 → 엡빌골몬 / 옥중

일반서신(다른 사도들을 통하여 온세계로 복음이 전파)

유대종교 / 회귀

베드로서 · 야고보서 · 히브리서 · 요한서신 · 유다서

이방종교 / 혼합

핍박의 상황 / 배교

교회를 통하여(초대 · 중세 · 현대교회)
복음전파는 계속되어야 한다

3. 하나님의 뜻(복음)을 어떻게 계속 이루어 가야 하는가? – 교훈과 메시지

당시 현재교회(소아시아 7교회)와
미래교회를 향한 복음의 예언적 메시지

요한계시록
과거 - 현재 - 미래를 연결해 주는 통합고리

계22:12-13

알파 — 예수그리스도 - 복음 — 오메가

복음적 고난(점점 심해짐)

말씀으로 승리/
계1:3-22:7, 19-20

복음의 경주 - 승리하라
"이기는 자"

비전 - 새 하늘과 새 땅(재림)

■ 한눈으로 보는 **복음서 시대**

(마태복음, 마가복음, 누가복음, 요한복음)

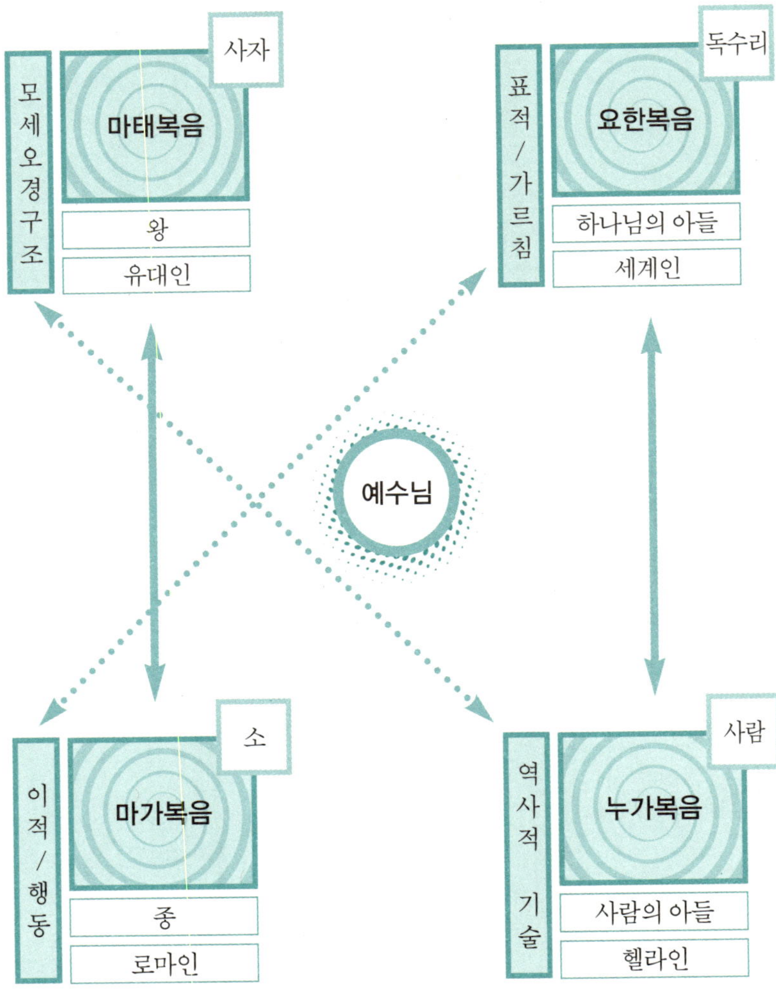

■ 성경 여행 지도 ■

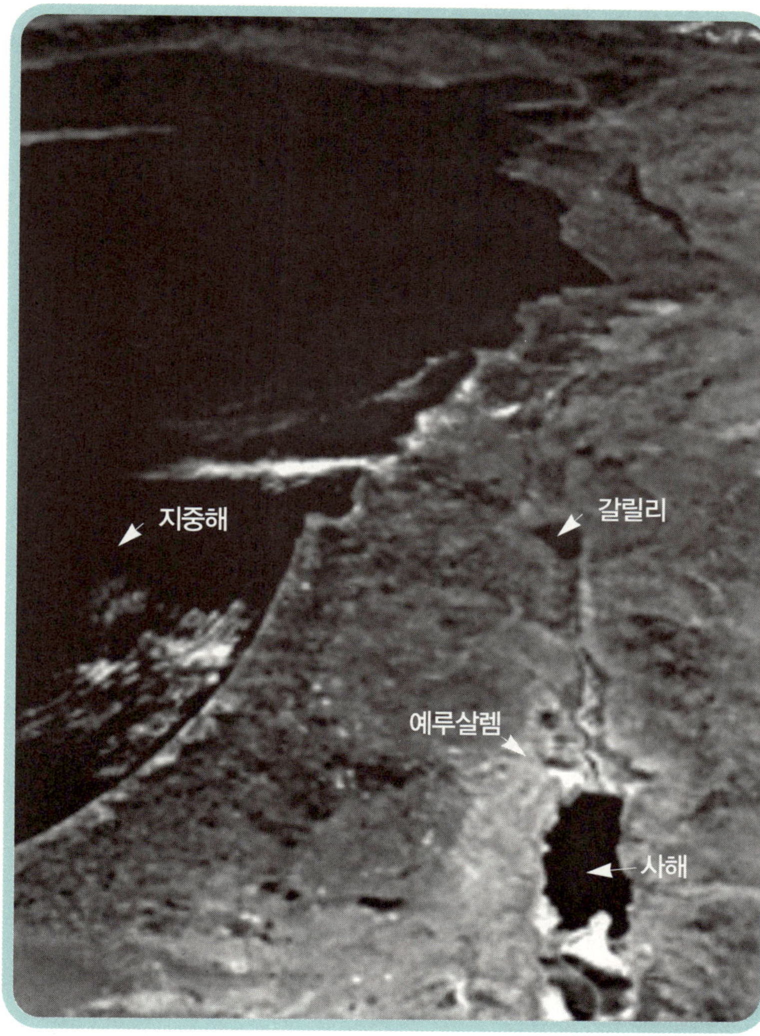

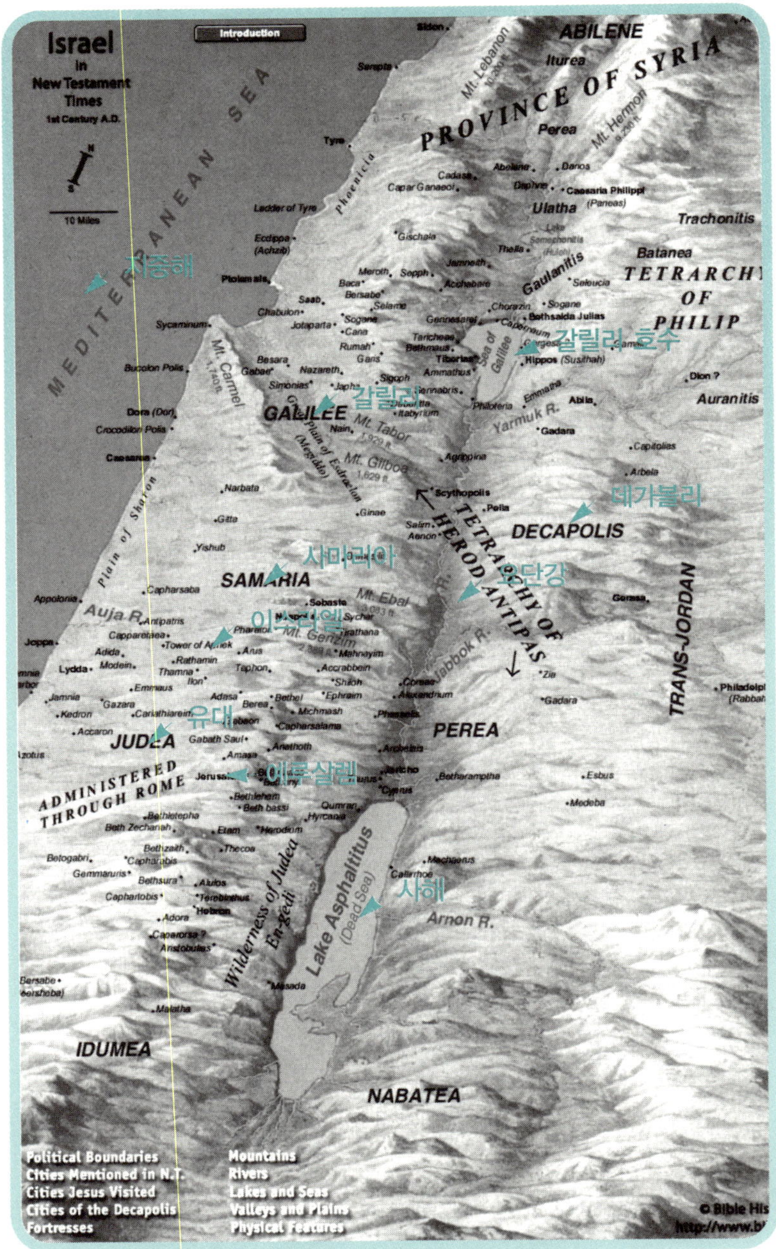
Israel in New Testament Times
1st Century A.D.
Introduction
10 Miles
MEDITERRANEAN SEA
지중해
PROVINCE OF SYRIA
ABILENE
Iturea
Perea
Mt. Lebanon
Mt. Hermon
Phoenicia
Tyre
Sidon
Sarepta
Caesaria Philippi
(Paneas)
Ulatha
Trachonitis
Batanea
TETRARCHY OF PHILIP
Gaulanitis
갈릴리 호수
Sea of Galilee
Capernaum
Bethsaida Julias
Hippos (Susithah)
Tiberias
Ptolemais
Mt. Carmel
Nazareth
GALILEE
갈릴리
Mt. Tabor
Plain of Esdraelon
Mt. Gilboa
Yarmuk R.
Gadara
Auranitis
DECAPOLIS
데가볼리
Scythopolis
Pella
TETRARCHY OF HEROD ANTIPAS
Caesarea
Plain of Sharon
SAMARIA
사마리아
요단강
Sebaste
Sychar
Mt. Ebal
Mt. Gerizim
이스라엘
Joppa
Lydda
Antipatris
Auja R.
Jabbok R.
Gerasa
TRANS-JORDAN
PEREA
JUDEA
유대
ADMINISTERED THROUGH ROME
Jerusalem
예루살렘
Bethlehem
Jericho
Qumran
Hebron
Wilderness of Judea
En-gedi
Lake Asphaltitus
(Dead Sea)
사해
Machaerus
Arnon R.
Masada
IDUMEA
NABATEA
Political Boundaries
Cities Mentioned in N.T.
Cities Jesus Visited
Cities of the Decapolis
Fortresses
Mountains
Rivers
Lakes and Seas
Valleys and Plains
Physical Features

01

복음서의 배경

성경은 역사적 배경에서 기록된 책입니다. 역사와 삶을 뺀 성경은 교훈집 정도의 지식서로만 남을 수 있습니다. 복음서를 제대로 이해하려면 당시의 역사적 상황을 잘 알아야 합니다. 1세기 팔레스틴의 세계로 돌아가서 역사적 · 사회적 · 종교적 상황을 통해 예수님을 보아야 합니다. 그렇게 할 때 예수님은 책 속의 모습이 아닌 피와 살을 가진 살아 있는 모습으로 다가오게 됩니다. 이러한 배경적 이해는 복음서를 공부하는 데 있어서 필연적인 작업입니다. 배경은 복음서가 쓰인 토양과 같은 것으로, 나무와 열매를 이해하는 데 중요한 뿌리가 됩니다.

1 정치적 배경 – 로마의 팔레스틴 통치 4시대는?

아우구스투스 황제

당시 로마는 원로원이 임명한 폼페이우스, 크라수스가 율리어스 시저를 가입시키면서 원로원을 누르고 이들이 삼두정치를 합니다. 그중에 가장 힘이 있었던 시저는 주전44년에 그의 충신이었던 브루투스에게 암살당합니다.

가이사(시저)가 죽은 후(1년 뒤에 안티파티 암살됨)에 로마의 판도는 가이사의 양아들인 옥타비아누스와 신하였던 안토니우스에게로 넘어갑니다. 로마의 안토니우스는 이집트의 클레오파트라와 사랑에 빠집니다. 옥타비아누스는 악티움전투에서 안토니우스와 클레오파트라의 연합군을 격파하고 제1대 로마황제가 됩니다(주전27년). 원로원은 그를 '존엄한 자'라는 뜻으로 아우구스투스 시저라고 불렀습니다. 바로 로마탄생시기의 로마황제입니다. 아우구스투스가 영을 내려 천하에 있는 사람들은 다 호적하라고 해서 요셉과 마리아가 그의 고향 베들레헴으로 내려가는 기사가 성경에 나옵니다(눅2:1). 아우구스투스를 이어 티베리우스(주후14~37)가 황제에 오릅니다. 이때가 예수님의 공생애 사역 시기입니다.

티베리우스 황제

당시 팔레스틴은 로마의 통치를 받았습니다. 로마는 팔레스틴을 다스릴 때 그 지방의 한 지도자를 선택하여 그에게 권력을 주고, 군사적인 보호를 약속하는 조건으로 로마에 대한 충성과 봉사를 다짐받았습니다. 당시, 팔레스틴을 잘 이해하고 로마와 긴밀한 관계를 가지고 있던 대 헤롯이 임명됩니다.

1) 대(아버지) 헤롯 시대(주전37~4년)

대 헤롯

에돔족속 출신인 대 헤롯은 2명의 아내와 3명의 자기 자식을 죽일 정도로 잔인했습니다. 그는 옥타비아누스 황제를 찾아가 탁월한 정치적 술수와 아첨으로 분봉 왕이라는 칭호를 받아냅니다. 그는 이두매(에돔) 통치자인 안티파티(대 헤롯의 아버지, 후에 안디옥으로 불림) 후손으로 이후의 분봉 왕과 분리하기 위하여 대 헤롯이라 불립니다.

37년에 예루살렘을 함락시킨 로마군과 함께 이집트에서 돌아와 유대인의 민심을 얻으려고 노력합니다. 30년에 유대인의 환심을 사기 위하여 헤롯은 성전을 중건합니다. 모세의 율법대로 우상은 세우지 않습니다. 대 헤롯이 예수님이 태어난 시점을 중심으로 유아들을 살해합니다. 그리고 얼마 후 대 헤롯은 여리고에서 병에 걸려 죽습니다(주전4년). 예수님이 유대인의 왕으로 오시자, 그동안 자칭 유대인의 왕이었던 대 헤롯이 죽는 흥미로운 사건이 생긴 것입니다. 헤롯은 죽기 전 유언을 통해 세 아들에게 영토를 분할했고, 예수님이 공생애를 시작하실 때 팔레스틴은 그의 아들인 분봉 왕들이 통치를 하게 됩니다.

2) 분봉 왕 시대(주전4년~주후44년)

대 헤롯은 세 아들에게 그가 지배한 땅을 나누어 줍니다. 이때부터 분봉 왕 시대가 열립니다.

—헤롯 아켈라우스(주전4년~주후6년)

유대, 이두매, 사마리아 등 남부지역을 다스렸습니다. 10년이 못 되어 백성의 원성을 산 아켈라우스는 주후6년에 퇴위하고, 그 지역은 로마제국의 직할로 복속되어 5대 총독으로 임명된 본디오 빌라도의 통치를 받습니다. 그러나 빌라도도 유대인의 경건을 고려하지 않은 잘못된 여러 가지 일처리(황제 초상을 단 로마 군기를 예루살렘으로 들여오고, 성전금고를 약탈)로 유대인의 저항을 받습니다. 특히, 성전세만 내던 유대인들은 다른 세금제도가 도입되자 소요하게 됩니다. 예수님이 태어날 때 로마는 아우구스투스가 통치하고 수리아의 총독은 구레뇨였습니다. 빌라도는 예수님을 십자가에 죽이는 일을 행합니다.

헤롯 왕 이미지

—헤롯 안티파스(주전4년~주후39년)

갈릴리와 베뢰아를 통치했습니다. 아켈라우스는 밀려 났지만 헤롯 안티파스는 그대로 갈릴리의 분봉 왕이 됩니다. 이복동생의 아내인 헤로디아와 결혼함으로 세례 요한의 책망을 받자 그를 죽입니다. 그는 예수님도 죽이고자 했으나 예수님이 안전하게 피합니다(눅13:31-33).

안티파스의 통치는 주전4년부터 주후39년까지 이릅니다. 로마의 칼리굴라가 황제에 오른 후 권자에서 쫓겨나고 그의 조카 헤롯 아그립바 1세가 계승하게 됩니다. 글라우디오 황제는 그의 영토를 확장하여 유다와 사마리아를 통치합니다. 예수님의 공생애 중에 나오는 헤롯왕은 헤롯 안티파스를 의미합니다. 안티파스는 아버지를 닮아 건축광이었고, 교활하여 예수님은 그를 여우라고 불렀습니다. 대표 건축물로는 헤로디움 요새와 마사다를 들 수

헤롯 안티파스

있습니다. 갈릴 호수 동편에 로마황제의 영예를 위하여 티베리우스(디베랴)를 건설합니다.

—헤롯 빌립(주전4년~주후44년)

갈릴리 동쪽 지역을 통치했습니다. 주로 이방인들이 사는 곳으로, 흔히 데가볼리 지역이라고 말합니다. 빌립은 자신과 로마황제 가이사의 이름을 따서 빌립보 가이사랴에 기념도시를 세웁니다. 가이사랴는

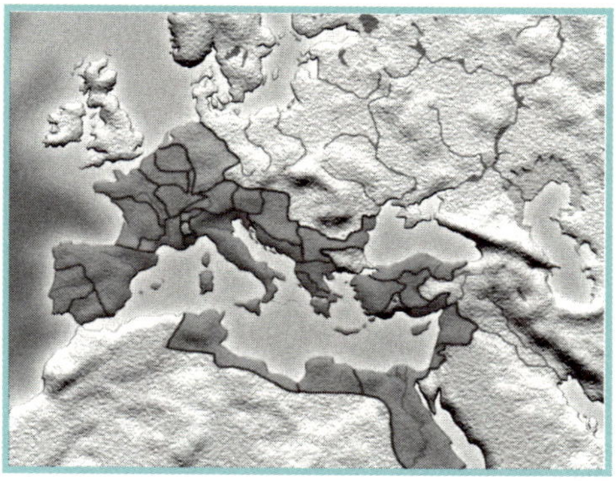

로마제국 통치 지역—아우구스투스 황제

대 헤롯이 세웠습니다. 헤롯 빌립은 대 헤롯의 아들 가운데 가장 평화를 추구하는 성격이었으리라 추정됩니다.

2 사회적 배경 – 로마와 팔레스틴의 당시 상황은?

1) 팔레스틴의 종교 상황

예수님 당시에 로마제국 내에는 약 400만 명의 유대인이 있었다고 추정됩니다. 팔레스틴에는 약 70여만 명 정도로, 갈릴리와 데가볼리 지역은 이방인이 더 많았습니다. 팔레스틴은 다양한 이방인들과 함께 살고 있었습니다. 그러다 보니 여러 종교가 혼합된 영지주의와 쾌락주의, 금욕주의가 성행했습니다. 또 자신을 지켜주고 만족을 채워주는 신을 찾아

섬기곤 했습니다. 유대교 역시 이런 풍조에 휩쓸려 점차 형식적인 종교로 전락해 가고 있었습니다.

2) 로마제국의 도덕적 상황

로마의 목욕탕

힘으로 거대한 제국을 이룬 로마는 타락과 부패의 온상이었습니다. 힘과 권력에서는 최고를 자랑했지만 내부적으로는 타락의 극치에 다다르고 있었습니다. 성적인 타락이 이방신들을 믿는 이들로부터 만연되어 있었습니다. 신전은 창녀와 다름없는 여사제들로 가득하고, 정복지에서 끌려온 노예소녀들은 신전의 제물이 되었습니다. 퇴폐적인 그림들이 공공연하게 벽화를 장식하고 이혼이 성행했습니다. 가정파탄과 유아살해가 사회적으로 용납되어 원하지 않는 아이는 낙태를 하여 유기하는 일이 많았습니다. 티베르 강 바닥에서 짐마차 한 대를 가득 채울 정도로 많은 어린아이 유골이 나왔습니다. 어린이들은 광장에 버려졌고 소녀는 창녀로 키워졌으며, 소년들은 스스로 자신의 팔을 부러뜨려 사람들의 동정을 사는 구걸로 생명을 유지했습니다.

로마는 정치적 부패와 사기와 성적 타락이 극에 치달았고, 원형경기장과 극장 · 사우나 등은 로마시대의 대표적인 일상생활이 되었습니다. 그들의 이런 방탕한 생활은 마음의 공허함을 키웠고 많은 이들이 자살하도록 했습니다. 당시 로마는 외부적으로는 강하고 거대했지만, 지도자와 국민의 도덕적인 부패로 인하여 점차 힘을 잃어 가고 있었습니다. 결국 로마는 내부적으로 타락과 부패가 점점 더해지면서, 힘 한번 제대로 써 보지도 못하고 어이없이 멸망하고 말았습니다.

3 유대적 배경 – 유대인의 4가지 코드

당시의 유대인 사회를 이해하기 위해서는 다음 네 가지 요소를 알아야 합니다. 명확하지 않지만, 대체적으로 다음의 네 가지 요소는 정부나 나라가 없는 유대인 사회를 이끌어갔던 핵심임이 분명합니다.

1) 율법

두루마리 율법

모든 유대인들은 모세의 율법을 중요시 했습니다. 율법을 해석하는 사람이 서기관입니다. 그들은 평신도로서 바리새인들이었습니다. 성경에서 서기관과 바리새인들이 같이 나오는 것은 그들의 직무가 겸해 있기 때문입니다. 이들의 율법에는 구전율법과 성문율법이 있습니다. 성문보다는 장로의 유전이라 할 수 있는 구전을 더 중요시했습니다. 안식일법 · 정결법과 같은 것은 대표적인 유대인의 율법 중 하나입니다. 이것은 예수님과의 관계에서 갈등 요소로 등장합니다.

2) 성전

성전은 이스라엘의 중심입니다. 성전은 제사를 드리는 곳입니다. 제사장은 성전에서 희생 제사를 드리는데, 일년에 한번씩 속죄일에 대제사장은 백성의 많은 죄를 속죄하기 위하여 지성소로 들어갔습니다. 헤롯이 유대인의 환심을 사기 위하여 성전을 중건했지만, 성전은 오직 예루살렘 한곳에만 존재했습니다.

성전

3) 회당

기도하며 율법을 연구하기 위하여 모이는 곳이 회당입니다. 회당은 지역마다 많이 있었고, 유대인들은 회당을 중심으로 모여 기도하고 말씀을 연구하는 등 여러 모임을 가졌습니다. 일종의 종교학교 같은 기능과 더불어 회합장소 등으로 다양하게 사용되었습니다. 유대인은 열 명이 모이면 회당을 세웠습니다.

회당

4) 산헤드린

유대의 최고 의결기관입니다. 대제사장이 의장이 되고 사두개인이 중심이 되었으며, 바리새인들이 주요구성원이었습니다. 산헤드린은 율법을 어겼을 때 사형까지 선고가 가능하나 로마총독의 허가를 받지 않고는 사형을 집행할 수 없었습니다. 71명으로 구성되었으며, 식민지 속에서 유대를 이끌어가는 정치기관이었습니다.

4 종교적 배경 – 유대교의 4가지 종파

1) 바리새파

정통파 유대인 예시바 학교(바리새파)

경건한 사람이란 의미로 '분리자'란 의미 또한 가지고 있습니다. 유대인 종파 중에서 가장 막강한 영향력을 행사했습니다. 이들은 말씀을 더 잘 이해하기 위하여 모세 율법 외에 구전이나 전승을 문서화한 율법을 가지고 있었습니다. 이것은 변화하는 환경에 적응하기 위한 율법 해석집(장로의 유전)으로, 어떤 때는 모세의 율법보다 더 우선시하여 문제를 야기했습니다.

이들의 구성원은 평신도로서 사두개인보다는 순수하고 종교적인 면이 강하며, 덜 정치적이었습니다. 그러나 점차 타락하여 나중에는 사두개인보다 더 헬라화 되어 부패하였습니다. 바리새인은 회당의 예배와 교육에 더 긴밀하게 관여했습니다. 복음서에 나오는 바리새인들은 자기의 의를 나타내고 법을 잘못 적용하면서 스스로 올무에 빠졌습니다. 안식일 계명과 음식 먹는 것 등에 아주 엄격했으며, 헤롯 왕 시절에는 6,000명 정도의 수를 가지고 있었습니다. 바리새파는 율법을 준수하면서 헬라문화로부터 신앙적 방패역할을 했습니다.

2) 사두개파

사두개파라는 말은 솔로몬의 대제사장 사독에서 유래한 것으로, 예수님을 죽이는 데 일조한 제사장인 안나스와 가야바가 사두개인입니다.

제사장

이들은 부유한 제사장 편으로서, 변혁을 배격하고 현상 유지에 급급했습니다. 헬라문화에 긍정적이었고 정치적인 타협과 현실 적응에 탁월했습니다. 바리새인들이 주장하는 장로의 유전과 다른 법을 배격하고 오직 기록된 율법만 경전으로 간주했습니다. 성전 제의보다는 정치적인 것에 관심이 더 많았습니다. 헤롯과 결탁한 정치 세력으로 점차 백성들에게 외면당하며 소멸되었습니다. 그들은 부활과 천사를 믿지 않았습니다. 인간의 노력에 의하여 성취된다고 믿고 세상과 쉽게 타협한 사람들이었습니다.

3) 엣센파

쿰란의 수도사들

쿰란동굴

흰옷을 즐겨 입고 독신을 강조했습니다. 생활은 기도와 세례와 결례 등 수도원적 생활을 했습니다. 율법의 해석은 바리새인보다 더 엄격했습니다. 제사장 · 레위인 · 이스라엘 자녀 · 개종자의 계급으로 나뉘어 동굴에서 지냈으며, 유일신의 신학과 은유적 성경 해석과 안식일 준수와 육체의 부활을 믿었습니다. 흔히 쿰란동굴에서 생활하던 수도사들을 엣센파라고 말합니다. 공동 식사를 했고 재산을 공유했으며, 모두가 육체노동에 종사했습니다. 동굴에 도서관을 두어 많은 자료들을 보유했습니다.

4) 셀롯당

흔히 '열심당' 이라고 불리는 사람들로 자객이라 부릅니다. 옷 속에 단검을 숨기고 다니면서 불만의 대상들을 습격했습니다. 순교를 당하면서도 세금 바치는 일을 철저히 거부했으며, 순교를 각오하고 가이사를 '주' 라 부르는 것을 거부했습니다. 로마에 대항하는 의로운 투쟁을 벌인 일종의 유대교 독립단체이며, 로마대항 세력이었습니다.

5 문화적 배경 – 복음서 기록목적은?

● 왜 복음서를 기록했습니까?

1) 역사적인 이유

예수님을 직접 목격했던 제자들이 점차 세상을 떠나고 있었습니다. 이런 상황은 다음 세대를 위하여 예수님의 이야기를 보존해야 할 필요를 느끼게 했습니다. 문서로 보관하는 것이 영구적으로 보존할 수 있는 길이기에 하나님은 저자를 통하여 복음서를 기록하게 했습니다.

아우구스투스 황제 주화

티베리우스 황제 주화

2) 전도적인 이유

복음의 메시지를 불신자들에게 전할 목적으로 기록했습니다. 요한복음 20:31에 기록목적이 잘 소개되어 있습니다. 예수님의 선포내용을 이야기 형태로 전해줌으로써 예수님을 믿게 하려는 목적이었습니다.

3) 교육적인 이유

예수님을 따르는 사람들에게 믿음에 대한 많은 것을 가르치고, 그들을 믿음 안에서 자라게 하기 위해서입니다. 예수님의 제자들처럼 계속하여 십자가의 길을 따르는 사람들에게 주님의 교훈을 가르침으로써, 믿음이 굳게 서도록 하는 것이 목표입니다. 산상수훈 같은 것이 대표적인 예입니다.

4) 지리적인 이유

목격자들의 고백이 더 멀리 전해지기를 원해서입니다. 구전을 통해서 전해진 복음이야기가 끊기지 않고 더욱 쉽게 온 세계에 전파되는 것을 염두에 둔 것입니다. 이렇게 기록해 두면 필사하여 여행자들이 가지고 다닐 수 있는 장점이 있습니다.

● 왜 네 개의 복음서인가?

왜 네 개의 복음서인가? 그것은 혼자서 다른 어떤 사람의 삶을 전체적으로 파악한다는 것은 불가능하기 때문입니다. 예수님을 네 명의 저자를 통해 만날 수 있다는 것은 혼란이 아니라 오히려 감사한 일입니다. 네 개의 복음서는 동등한 지위를 부여받았습니다. 각자 독특한 방법을 통하여 증거하지만 각각의 복음은 완전성을 지니고 있습니다. 하나보다 네 개의 복음서를 같이 볼 때 우리는 예수님을 더 가깝게 이해할 수 있습니다. 어느 하나의 복음서만 공부하는 것보다는 네 개의 복음서를 함께 보는 것이 바람직합니다. 저자의 관심사를 파악하면서 다양한 관점에서 예수님을 이해하는 것이 필요합니다.

복음서는 예수님의 생애를 연대기적으로 소개하기보다는 저자에 따른 다양한 관점으로 예수님을 소개하고 있습니다. 각 복음서는 동일하게 구약의 예언이 어떻게 성취되었으며 구원의 역사가 어떻게 이루어졌는지를 말하고 있습니다. 복음서를 읽을 때는 언제나 구약과 연관성을 가지고 읽어야 합니다. 복음은 다양한 사람들 속에서 해석되는 것도 이해되는 것도 각각 다릅니다. 이런 측면에서 하나의 복음서보다는 네 개의 복음서가 필요합니다.

네 개의 복음서는 각각의 특징이 있습니다. 그 각각의 맛을 살린 복음서를 가지고 네 명의 저자 입장에서 예수님을 입체적으로 읽을 때 진정한 복음서의 맛을 느낄 수 있습니다. 우리가 복음서를 공부하는 이유는 네 명의 저자를 통해 예수님이 누구인가를 정확하게 이해하면서 그분을 믿고 결국은 그분의 증인이 되기 위함입니다.

● 복음서 개관 방법은?

복음서의 맥을 잡는 가장 좋은 방법은 단권으로 복음서를 다시 엮어 나가는 것보다 네 개의 복음서 특징을 살려 핵심 내용을 살피는 것입니다. 본 교재는 이런 특징에 따라 구성되었습니다.

말씀과 삶

1. 예수님 당시의 팔레스틴의 배경을 공부하면서 느낀 점은 무엇입니까?

2. 당시 유대인들은 어떤 상황에서 신앙을 지켜나갔습니까? 그들이 가졌던 신앙과 삶을 말해 보십시오.

3. 현재 내가 가진 예수님에 대한 생각과 이미지를 말해 보십시오.

네 개의 복음, 한 분의 예수

마태복음

핵심구절(말씀. 5:17)

유대 — **예수님의 준비** 마1-4:16

족보 1장 → 탄생 2장 → 세례 3장 → 시험 4장

갈릴리 — **예수님의 선포** 마4:17-16:20 "이때부터" - 복음전파

말	1. 산상수훈 5-7장	2. 선교말씀 9:35-10장	3. 천국비유 13장
행동	병고침 8-9:34	적대감고조 11-12장	신앙고백 14-16:20

이동중 — **예수님의 마음과 생각** 마16:21-20장 "이때부터" - 죽음예고

세 번에 걸친 메시야 비밀 16:21 - 17:22 - 20:18-19 (참고. 26:2) → 천국 큰 자 18:1-4 / 최고 리더 20:26-28

예루살렘 — **예수님의 죽음과 부활** 마21-28장

예수님 – 정체성과 권위 21-22장 → 가장 큰 계명 22:37-40

→ 적대자 꾸짖음 23장

→ 제자들 – 미래준비 24-25장

→ 고난과 죽음과 부활 26-28장

■ 말씀의 성취

"선지자로 하신 말씀을 … 이루려 하심이라" (마1:22-23, 2:15, 17-18, 23, 4:14-16, 8:16, 12:17-21, 21:4-5, 28:9-10) – "의를 성취한다"

"말씀을 마치시매" (마7:28, 11:1, 13:53, 19:1, 26:1)

02

마태복음 1

마태복음의 예수님 : 왕이신 예수님

유대인을 위해 기록된 마태복음은 예수님을 유대인의 왕으로 묘사하고 있습니다. 마태복음 1장의 족보는 다분히 구약성경과의 관련성을 말합니다. 기록의 시기로 보면 마가복음이 우선이지만, 내용상으로 보면 마태복음을 먼저 읽는 것이 구약과의 연관성에서는 자연스럽습니다. 마태복음은 예수님의 가르침이 체계적인 구조로 배열되었습니다. 5권의 모세오경 구조로 되어 있습니다. 특히 왕으로 오신 예수님을 거부하는 유대인의 모습을 그리고 있습니다. 마태복음은 예수님을 율법의 진정한 해석자로 봅니다. 바리새인의 가르침을 완전히 초월한 새로운 가르침을 제시합니다. 율법과 다른 은혜의 법을 말합니다. 특히 하나님 나라의 도래에 대해 말하면서 제자들에게 하나님의 나라에 합당한 자로 살아갈 것을 권면합니다. 마태는 교회에 관심을 가지고 있습니다. 교회라는 구절이 나오는 유일한 복음서입니다(마16:18, 18:17).

1 예수님의 준비(마1-4:16)

1) 족보

● 족보 안에 들어 있는 여자 네 명은 누구입니까?

—마1:3, 5, 6

____

____

Tip 이 족보는 구약과 신약을 연결하는 의미에서 중요합니다. 마태는 족보를 통해 구약의 내용을 핵심적으로 요약하고 있습니다. 예수님의 족보는 유대인의 족보와 다릅니다. 여기에는 이방 사람과 여인과 비천한 신분을 가진 사람들이 모두 들어가 있습니다. 예수님을 믿는 사람은 모두가 자녀가 되는 복음 족보입니다.

2) 탄생

● 예수님의 탄생 이후 이동 과정은 어떠합니까?

—마2:5-6 (   ) - 마2:14 (   ) - 마2:21, 23 (   )

Tip 예수님은 우리를 구원하기 위해서 이 세상에 오셨습니다. 인간의 죄를 담당하고 인간을 위해 죽으려고 오셨습니다. 예수님은 태어날 때부터 고난을 당하셨고 죽음의 위협을 당하셨습니다. 그리고 애굽으로 피하셨다가 헤롯이 죽은 후에 다시 유대로 돌아

베들레헴 교회 천장 부조

오셨지만 거기도 여의치 않아 나사렛으로 가셨습니다. 이 모든 것은 우리를 위한 고난 때문이었습니다.

3) 세례

● 예수님은 어떻게 세례를 받으셨습니까?

—마3:16-17

Tip 예수님은 세례를 받으시면서 하나님의 뜻에 순종하는 것을 우리에게 몸소 가르쳐 주셨습니다. 예수님은 자신의 모든 것을 하나님의 뜻을 이루는 데 두었습니다.
우리도 주님처럼 하나님의 뜻을 이루기 위해서 모든 삶을 살아야 합니다.

요단 강

4) 시험

● 예수님은 사단의 시험을 어떻게 이기셨습니까?

—마4:4, 7, 10

유대 광야

Tip 예수님은 하나님의 아들이었지만 태어나면서부터 우리와 같이 고난과 어려움을 당하셨습니다. 금식 하시면서 주리셨고 심지어 사단에게 시험까지 당하셨습니다. 이것은 온전한 의미에서 인성을 지닌 참인간임을 말합니다. 인간의 몸을 입은 그분이기에 우리를 위해 대신 죽으실 수 있는 것입니다. 주님은 당신이 연약함을 겪었기에 우리의 연약함과 아픔을 잘 아십니다.

2 예수님의 선포(마4:17-16:20) - 말과 행동

"이 때부터 ~"(마4:17) - 복음 전파

예수님이 말씀을 전하신 두 가지 방법은 말과 행동이었습니다. 이것은 분리된 것이 아닌 하나입니다. 사람들에 따라 말과 행동을 번갈아가면서 복음을 전하셨습니다. 마태복음은 여기서부터 복음 전파 이야기가 진행됩니다("이 때부터"라는 말을 유의합니다).

- 예수님이 전하신 복음의 내용은 무엇입니까?

—마4:17

Tip 복음은 곧 하나님의 나라입니다. 이 세상은 잠시지만 하나님의 나라는 영원합니다. 천국은 아무에게나 주어지는 것이 아닌 회개하고 하나님에게로 마음을 향한 사람에게 주어지는 하나님의 선물입니다

1) 첫 번째 말씀선포(마5-7장) - 산상수훈

주님이 복음의 말씀을 전하시는 것은 우리의 마음에 영으로 들어오시

는 방법입니다. 말씀은 귀를 통해 마음으로 들어옵니다. 듣는 것이 보는 것보다 더 강력합니다.
예수님은 천국의 복음을 주로 말씀을 통하여 하셨습니다. 그러나 마음이 강퍅한 사람은 말씀을 듣지 못합니다. 그들에게는 보이는 말씀(표적)이 필요합니다.

- 산상수훈의 핵심 메시지는 무엇입니까?

들에 핀 백합화

—마5:17

- 황금률(Golden Rule)의 내용은 무엇입니까?

—마7:12

Tip 예수님이 전하신 말씀의 주제는 제자도와 하나님의 나라입니다. 예수님이 전하시는 말씀은 구약의 율법과 선지자들이 말하는 의와 차이가 있습니다. 예수님의 말씀은 구약의 말씀을 완성하는 의미에서 그것을 넘어섭니다. 이런 면에서 구약의 말씀은 신약의 예수님의 말씀에 근거하여 해석되어야 합니다.

2) 행동으로 사역(마8-9:34)

- 예수님이 병을 고치신 사람을 열거하십시오.

—마8:2 (　　　　　) - 마8:6 (　　　　　) - 마8:14 (　　　　　) -
마8:16 (　　　　　) - 마9:2 (　　　　　) - 마9:18 (　　　　　) -
마9:20 (　　　　　) - 마9:27 (　　　　　) - 마9:32 (　　　　　)

Tip 복음이 보여 지는 것은 행동으로 나타나는 일입니다. 이것을 표적이라고 말합니다. 눈에 보이는 것으로 복음이 전해지면서 마음으로 다가옵니다. 아니면 본인이 직접 체험하면서 복음을 느끼게 됩니다. 병을 고치거나 이적을 행하는 방법들이 이것입니다.
보는 것은 듣는 것보다는 약합니다. 보는 것은 보이지만, 듣는 것은 보이지 않는 것이기에 그렇습니다. 믿음은 보이는 것에서 보이지 않는 것으로 나아가는 것입니다.

3) 두 번째 말씀선포(마9:35-10장) - 선교

● 예수님이 하신 사역의 내용은 무엇입니까?

—마9:35

Tip 예수님은 천국 복음을 전파하셨습니다. 말씀만이 사람들을 구원할 수 있습니다. 병 고치는 표적과 기사들은 모두 복음을 믿게 하기 위한 것이었습니다. 말씀을 전하는 것은 최고의 선교입니다. 주님이 제자들을 부르신 것도 이런 선교를 위해서였습니다.

4) 적대감 고조(마11-12장)

● 바리새인들은 예수님을 어떻게 핍박했습니까? 예수님의 반응은 어떠했습니까?

—마12:14-16

Tip 예수님의 복음 사역을 싫어하는 사람들이 있었는데, 당시 종교지도자들이었습니다. 이들은 기득권 세력으로 예수님을 죽이려 했습니다. 복음은 누구에게나 주어진 하나님의 선물이지만 그렇다고 아무나 받아들일 수 있는 것이 아닙니다. 마음이 닫힌 사람들에게는 오히려 거치는 것이 됩니다. 예수님의 복음 사역이 커지면 커질수록 그들의 시기와 적대감은 더욱 커집니다.

5) 세 번째 말씀선포(13장) - 비유

● 하나님의 나라를 설명하는 비유는 어떤 것들이 있습니까?

—마13:24 ( ) - 마13:31 ( ) - 마13:33 ( ) - 마13:36 ( )
마13:44 ( ) - 마13:45 ( ) - 마13:47 ( ) - 마13:52 ( )

Tip 주님이 이 세상에 오셔서 전한 복음의 내용은 하나님의 나라에 대한 것입니다. 이 세상 나라의 이야기가 아닌 천국에 대한 것입니다. 천국에 대한 이야기는 인간들이 쉽게 이해할 수 있는 내용이 아닙니다. 그래서 주님은 비유를 통해 쉽게 말씀하셨습니다. 많은 비유들은 천국에 대한 예증입니다. 비유는 누구든지 쉽게 이해하는 것이지만, 교만한 사람에게는 이해가 쉽지 않습니다.

6) 베드로 신앙 고백(마14-16:20)

● 베드로의 예수님에 대한 신앙 고백 내용은 무엇입니까?

—마16:16

빌립보 가이사랴

Tip 예수님의 말씀선포가 사람들에게 쉽게 전파된 것은 아니었습니다. 그런 이유로 주님은 표적과 기사를 통해서 말씀을 이해시키셨습니다. 예수님 자신이 누구인가를 드러내셨습니다.

인간이 행할 수 없는 초자연적인 기적은 예수님을 하나님의 아들로 믿게 하는 좋은 증거였습니다. 그러나 많은 사람들은 표적을 보고서도 예수님을 믿지 않았습니다. 베드로의 신앙 고백은 예수님에 대해 어떤 믿음을 가져야 하는지를 보여 주는 좋은 예입니다.

말씀과 삶

1. 예수님의 준비단계인 탄생과 세례와 시험의 이야기를 통해서 발견되는 영적 교훈은 무엇입니까?

2. 예수님이 말과 행동으로 선포한 하나님의 나라 이야기는 오늘 나에게 어떤 도전과 결단을 줍니까?

3. 나의 마음에 하나님의 나라가 얼마나 자리 잡고 있습니까? 나는 현재 하나님의 나라를 갖고 있는 사람으로서, 다른 사람에게 하나님의 나라를 전하고자 하는 마음이 얼마나 일어나는지 각자 점검해 보십시오(말과 행동을 통해).

03

마태복음 2

중심인물 : 마태

많은 사람들이 예수님을 잘 이해한다고 하지만 막상 살아가는 모습을 보면 예수님을 잘 이해하지 못하는 경우가 많습니다. 마치 제자들이 예수님을 가까이서 따라다녔지만 예수님을 잘 이해하지 못했던 것처럼 오늘날 우리도 그렇게 될 수 있습니다.
예수님에 대한 바른 이해가 필요합니다. 그렇지 못하면 잘못된 신앙으로 나아갈 수 있습니다. 예수님의 생애를 마태의 눈으로 배우는 것은 이런 의미를 지니고 있습니다.
여기서부터 마태는 예수님의 죽음에 초점을 두고 내용을 그려 나가고 있습니다. 이것은 마태의 이야기 후반부에 해당되는 것으로 복음의 핵심을 담고 있습니다. 앞으로 예수님의 복음 이야기를 이해하는데 중요한 근거가 되는 사건입니다.

1 예수님의 마음과 생각(마16:21–20장)

"이 때부터 ~"(마16:21) - 죽음 예고

마태복음에 나오는 두 번째의 "이 때부터"라는 말은 마태복음을 이해하는 데 있어 중요합니다. 이것은 마태복음의 전환점을 말합니다. 이때부터 나오는 내용은 예수님의 죽음을 목표로 모든 일이 진행됩니다.

● 세 번에 걸친 메시야 비밀의 내용은 무엇입니까?

—메시야 비밀1/ 마16:21

—메시야 비밀2/ 마17:22-23

—메시야 비밀3/ 마20:18-19

—참고) 메시야 비밀이 이루어지는 때/ 마26:2

Tip 메시야 비밀이란 "예수님이 고난을 당하시고 십자가에 죽으셔서 3일 만에 부활하신다"는 내용을 말합니다. 예수님은 이 내용을 통해 자신의 삶을 미리 예견하셨습니다. 그리고 메시야 비밀의 프로그램에 따라 자신의 삶을 사셨습니다. 예수님은 이 내용을 제자들에게 계속하여 말씀하셨습니다. 그러나 제자들은 그것을 알아듣지 못했습니다. 이를 통해, 예수님의 삶은 자신의 뜻이 아닌 전적으로 하나님의 뜻을 이루는 삶이었음을 알 수 있습니다.

● 예수님이 가르치신 핵심 내용을 정리해 보십시오.

1) 천국에서 큰 자는 누구입니까?

—마18:1-4

2) 최고가 되는 비결은 무엇입니까?

—마20:26-28

Tip 예수님이 가르치신 내용은 천국에 대한 내용입니다. 이 세상의 법이 아닌 천국의 법을 말씀하셨습니다. 천국을 마음에 품고 사는 사람의 삶은 세상 사람의 것과는 다릅니다.

비록 세상에서 살지만 우리는 천국의 삶의 방식을 가지고 살아야 합니다. 이것에 익숙하지 않겠지만 그리스도인은 새로운 삶의 방식을 배우면서 점차 적응해야 합니다. 세상의 방식대로 하나님의 일을 생각하는 것은 잘못입니다. 하나님의 삶의 방식은 세상의 것과는 거꾸로 갑니다. 오늘도 하나님은 이런 사람을 통해 세상을 변혁시키십니다.

2 예수님의 죽음과 부활(마21-28장) - 예루살렘에서 일어난 일

1) 예수님 자신의 정체성과 권위(마21-22장)

- 예수님은 성전을 청결하게 하신 후 자신에 대해서 무엇을 말씀하셨습니까?

—마21:13

- 가장 큰 계명은 무엇입니까?

—마22:37-40

예루살렘 성

Tip 예수님은 사람이면서 또한 하나님의 아들이었습니다. 호산나는 "우리를 구원하다"라는 의미입니다. 예수님이 예루살렘 성에 입성한 것은 인류를 구원하기 위한 시작이었습니다. 정치적인 해방을 위한 것이 아닌 자기가 십자가에 죽음으로 인간의 죄를 구원하기 위한 것이었습니다. 그러나 사람들은 이것을 알아차리지 못했습니다. 예수님의 예루살렘 입성은 백성을 지배하는 왕이 아닌 백성을 위해 죽는 그런 왕이심을 의미합니다. 주님은 진정한 사랑이 무엇인지를 알려 주기 위해 오셨습니다.

2) 적대자들을 꾸짖음(마23장)

● 서기관들과 바리새인들에게 공통적으로 하는 저주의 말씀은 무엇입니까?

—마23:13, 15, 16, 23, 25, 27, 29

Tip 당시 종교지도자는 바리새인들이었습니다. 구약의 말씀을 지켜 행하는 사람들로 하나님을 가장 잘 믿는다고 생각했던 부류입니다. 그들이 전하는 내용은 성경의 내용이었지만 그들의 행동은 달랐습니다. 말씀과 다른 삶을 살았습니다. 예수님은 겉과 속이 다른 그들을 조심하라고 말씀하셨습니다. 결국 이들은 예수님을 죽이는 데 앞장섰습니다.

3) 제자들의 미래에 대한 준비(마24-25장)

● 성전에 대한 예수님의 예언은 무엇입니까?

—마24:1-2

● 열 처녀 비유 · 달란트 비유 · 양과 염소의 비유가 공통적으로 말하는 핵심 내용은 무엇입니까?

—마25:1, 14, 33

양 무리들

Tip 예수님은 타락한 예루살렘 성전이 결국 무너질 것이라고 말씀하셨습니다. 그리고 이스라엘이 어떻게 패망할지 말씀해 주십니다. 결국 이스라엘은 로마에 의해 주후70년에 패망을 하게 됩니다. 여기에 계시된 예수님의 예언들 그대로 이루어졌습니다. 그리고 이것은 앞으로 다가올 인류의 마지막 모습이기도 합니다. 이 세상의 역사는 주님이 재림할 그날을 향해 나아가고 있습니다. 우리는 언제나 하나님 앞에서 그날을 바라보며 살아가야 합니다. 이것은 당시 제자들이 그랬던 것처럼 오늘을 사는 우리들이 마음에 명심해야 할 내용입니다. 마태복음 25장에 나오는 열 처녀 비유 · 달란트 비유 · 양과 염소의 비유는 모두가 마지막 때를 염두에 둔 비유들입니다. 이 비유들은 주님을 따르는 제자들이 마지막을 바라보면서 어떻게 살아야 하는지를 잘 알려 주고 있습니다.

4) 고난과 죽음과 부활(마26-28장)

- 예수님이 당하신 고난은 무엇입니까?

—마27:27-31

- 예수님이 죽으신 모습은 어떠했습니까?

—마27:46, 50

● 예수님이 부활하신 모습은 어떠했습니까?

정원 무덤

—마28:9-10

● 예수님이 우리에게 주신 마지막 지상 명령은 무엇입니까?

—마28:18-20

Tip 예수님의 고난과 죽음과 부활은 복음의 핵심 내용으로 아주 중요합니다. 예수님이 당하신 수난은 인간을 위한 수난입니다. 최후의 만찬, 체포, 재판, 십자가 죽음, 부활로 이어지는 예수님의 마지막 수난의 이야기는 세상에서 가장 감동적인 이야기입니다. 예수님이 죽으실 때 성전 휘장이 둘로 갈라지며 땅이 진동하고 바위가 터지고 무덤이 열리고 성도들이 많이 일어났습니다. 이것은 예수님이 진정 하나님의 아들이었음을 보여 주는 내용들입니다. 예수님은 자신의 예언대로 부활하셨습니다. 그리고 갈릴리에서 제자들에게 나타나 주님의 마지막 명령을 하심으로 마태복음의 이야기는 끝을 맺습니다. 마태복음의 시작은 유대인의 아브라함으로 시작하지만 마칠 때는 모든 족속으로 끝을 맺습니다. 이것은 예수님은 유대인의 족보에서 태어났지만 결국은 모든 인류에게 이르는 구원자이심을 보여 주고 있습니다.

정리

마태복음의 핵심구절은 5:17입니다. "내가 율법이나 선지자를 폐하러 온 줄로 생각지 말라 폐하러 온 것이 아니요 완전하게 하려 함이라" 또 "이는 주께서 선지자로 하신 말씀을 …… 이루려 하심이라"(마 1:22-23, 2:15, 17-18, 23, 4:14-16, 8:16, 12:17-21, 21:4-5, 28:9-10) '의를 성취한다' 는 말도 핵심단어입니다. 특히 말씀에 대한 내용이 많이 나옵니다("말씀을 마치시매"(7:28, 11:1, 13:53, 19:1, 26:1〈5회〉)). 마태복음은 유대적인 성격이지만, 한편으로는 반유대적(하나님 나라)이면서 이방적인(모든 족속) 성격을 함께 띠고 있습니다.

말씀과 삶

1. 마태가 전한 예수님의 고난과 십자가 죽음과 부활의 이야기를 들으면서 느낀 점은 무엇입니까?

2. 마태의 이야기를 통해 내가 이해한 예수님은 어떤 분이십니까? 나는 그것에 맞는 삶을 얼마나 살고 있다고 생각합니까?

3. 예수님이 전해 주신 세상 마지막 날에 대한 이야기는 나의 인생에 어떤 지침을 주고 있습니까?

마가복음

핵심구절(인자. 10:45)

갈릴리와 노정사역 / 3분의 2

예수님이 행하신 이적
막1-8:26

그는 누구인가?

- **그는 하나님의 아들이시다** 1:1-15 — 세례 요한
- **그는 하나님의 나라를 소유하신 분이시다** 1:16-8:26
  - 예수님의 권위와 반응을 통해 (귀신과 병자 고치심)
  - 제자들과 함께하는 것을 통해 (제자능력 줌, 비유, 바람잠잠, 회당장 딸 고침)
  - 제자훈련을 통해 (전도훈련, 오병이어 체험)

예수님이 당하신 고난
막8:27-16장

- **신앙고백과 죽음예언** 8:27-38

예루살렘 마지막 1주간 / 3분의1

그는 왜 죽어야 하는가?

좁은 길

- 예루살렘으로 가는 길 위에서 8:27-10장
  *노상에서(8:27, 9:33, 34, 10:17, 32, 46, 52)
- 예루살렘 성전에서
  11-13장(성전청결과 논쟁과 비유)
- 십자가 죽음을 앞두고
  14장(만찬, 기도, 배반)
- 십자가 죽음
  15장(고난, 조롱, 죽음)
- 부활
  16장(부활반응, 제자부탁)

■ 시간을 급하게 전개함

사건이 "즉시"(41회) 일어나고 있다고 기록한다. 짧은 문장보다는 "그리고"를 사용한다. 마가의 묘사는 세부적(부차적인 묘사 사용)이고 생동감이 있다 .

04

마가복음 1

마가복음의 예수님 : 종이신 예수님

마가복음은 복음서 중에서 가장 먼저 쓰인 책으로 알려졌습니다. 마가는 복음서 이야기를 통해 예수님이 누구이신가를 로마 사람들에게 전하려 했습니다. 마가복음이 기록될 당시 로마는 기독교 박해가 한창 일어날 때였습니다. 네로 황제의 박해로 교회는 대학살을 경험했습니다. 많은 성도들이 산 채로 불에 타 죽었고 당시 교회의 중요한 인물이던 베드로와 바울이 처형되었습니다. 그런 상황에서 마가복음이 기록되었습니다. 이 책은 고난당하는 기독교인들에게 십자가를 지는 제자도를 심어 주고 그들의 신앙을 격려하기 위한 것이었습니다. 이런 이유로 마가복음의 분위기는 생동감이 있고 빠르게 진행되는 특징이 있습니다. 예를 들어 '그리고 즉시'라는 구절로 시작하는 경우가 41회, '그리고 다시'로 시작하는 경우가 21회입니다.

마가복음을 이해하는 핵심구절은 "인자가 온 것은 섬김을 받으려 함이 아니라 도리어 섬기려 하고 자기 목숨을 많은 사람의 대속물로 주려 함이니라"(막10:45)입니다. 마가복음은 크게 두 가지 부분에서 살펴볼 수 있는데, 예수님이 행하신 이적(막1-8:26)과 예수님이 당하신 고난(막8:27-16장)입니다.

예수님이 행하신 이적(막1-8:26) - 그는 누구인가?

1) 그는 하나님의 아들, 메시야이다(막1:1-15)

● 세례 요한이 말한 예수님은 어떤 분이십니까?

—막1:7-8

● 하나님이 인정하신 예수님의 모습은 무엇입니까?

—막1:11

Tip 마가복음은 하나님의 아들 예수 그리스도 복음 이야기(막1:1)입니다. 마가복음은 다른 복음서와 다르게 준비기간을 아주 짧게 하고 핵심만 정리했습니다. 예수님은 이미 오래전 이사야 선지자가 예언한 그분으로서 세례 요한은 주님을 준비시키는 사자입니다. 특히 하나님을 통하여 "너는 내 사랑하는 아들이라"(막1:11)고 선언하는 내용은 예수님을 한마디로 표현하는 적절한 말입니다. 마가복음은 단순히 전기의 차원을 넘어 예수님이 누구이신가 하는 정체성에 초점을 둡니다.

에인케렘 세례 요한 기념 교회

● 예수님은 언제 공생애 사역을 시작하셨습니까? 예수님의 사역을 한 마디로 정리해 보십시오.

—막1:14-15

Tip 예수님은 신적인 존재이시면서 또한 인간적인 고통을 감당한 인성을 지닌 분이십니다. 예수님이 이 세상에 오신 이유는 하나님의 나라를 전하고 사람들로 하여금 회개하고 복음을 믿게 하기 위해서입니다. 그것으로 인류는 구원을 받게 됩니다. 이런 면에서 예수님은 인류가 들어야 할 최고의 복음입니다.

2) 그는 하나님의 나라를 소유한 분이시다(막1:16-8:26)

예수님은 하나님의 나라를 소유한 분이십니다. 예수님이 가시는 곳에는 하나님의 나라가 이루어졌습니다. 악한 귀신이 나가고 병자가 고침을 받고 자연의 기적이 일어나는 것은 하나님의 나라가 세워지는 것을 의미합니다.

● 예수님의 권위와 그에 대한 반응(막1:16-3:12)

(1) 가버나움 회당에서 더러운 귀신이 들린 사람을 어떻게 고치셨습니까?

—막1:25-26

가버나움 전경

(2) 예수님은 중풍 병자에게 무엇을 명하셨습니까?

—막2:5

(3) 이것에 대한 서기관들의 반응은 어떠했습니까?

—막2:6-7

(4) 안식일에 병자를 고치신 일을 보고 바리새인들은 어떤 모의를 했습니까?

—막3:6

Tip 예수님은 사람이면서 곧 하나님이십니다. 사람들은 이것을 이해하지 못했습니다. 예수님이 베푸신 기적과 표적 기사들은 이것을 드러내는 것들입니다. 보이는 표적보다 더 중요한 것은 나타나는 그것을 통해 예수님이 곧 하나님의 아들이심을 믿는 일입니다. 그러나 사람들은 이것을 믿기보다는 오히려 예수님을 죽이려고 했습니다.

● 예수님과 제자들(막3:13-6:6)

(1) 예수님은 제자를 어떻게 선택하셨습니까? 그들에게 주신 능력은 무엇입니까?

—막3:13-15

(2) 제자들에게 가르치신 비유의 내용은 무엇입니까?

—막4:21-34

(3) 예수님은 제자들과 함께 배를 타고 가다가 바람을 어떻게 잔잔하게 하셨습니까?

—막4:39

갈릴리 바다

(4) 회당장의 딸을 어떻게 고치셨습니까? 그때 함께한 제자들은 누구입니까?

—막5:37, 41-42

Tip 예수님의 관심은 무리가 아닌 제자들에게 있었습니다. 복음을 이어가는 사람은 무리가 아닌 제자들이었기 때문입니다. 비유를 통해 하나님의 나라를 쉽게 가르치셨습니다. 또 기적을 베푸는 것도 늘 제자를 염두에 둔, 제자들을 가르치시기 위한 것이었습니다. 말뿐 아니라 직접 체험하면서 그것을 터득하게 하셨습니다. 예수님의 의도는 제자들을 통해 복음이 전파되고 그들에게 그런 능력이 있음을 보여 주시려는 것이었습니다.

가버나움 회당장의 딸 고치심

● 제자들의 훈련(막6:7-8:26)

(1) 예수님은 제자들에게 복음전도 훈련을 어떻게 하셨습니까?

—막6:7-13

(2) 예수님은 제자들에게 기적을 직접 체험하게 하셨습니다. 그 내용은 무엇입니까?

—막6:37-44, 막8:4-10

(3) 예수님이 제자들에게 특별히 경계하며 가르치신 내용은 무엇입니까?

—막8:15-21

Tip 제자들이 조심하고 따르지 말아야 할 사람들은 바리새인들입니다. 자칭 의롭다고 하는 사람들의 모습을 조심해야 합니다. 바른 가르침을 받지 않으면 주님을 거역하는 제자가 될 수 있습니다. 오늘날 우리도 참된 주님의 제자가 되기 위해서는 예수님의 가르침에 충실해야 합니다.

말씀과 삶

1. 나는 예수님을 어떤 분으로 이해하고 있습니까?

2. 우리는 자신이 믿음을 고백한 대로 생활에서도 동일하게 살아야 합니다. 그런데 이것이 잘 안 되는 이유는 무엇입니까? 어떤 부분이 잘 안 되는지 말해 보십시오.

05

마가복음 2

중심인물 : 마가

마가복음은 하나의 잘 짜여진 극적인 드라마와 같은 구조로 이야기가 진행됩니다. 내용의 전개가 역동적이고 힘이 있습니다. 우리는 마가복음을 읽을 때 예수님의 정체성과 사역에 초점을 두는 한편으로 적대감을 갖는 유대인의 반대상황에서 제자도가 무엇인지를 염두에 두며 읽어야 합니다. 제자들의 반응을 염두에 두면서 마가복음을 읽으면 도움이 될 것입니다. 예수님의 세례 받으심과 그의 부활 이야기의 3분의 2가 갈릴리를 중심으로 이야기되고 있습니다. 마지막 3분의 1은 예루살렘에서 겪는 일주일간의 수난입니다. 예수님이 예루살렘에서 죽는 것은 인간을 죄에서 구출하는, 곧 새로운 출애굽을 그리고 있습니다. 높으신 하나님의 아들이 인간의 죄를 위해 수난을 당하고 십자가에 죽는다는 사실은 하나님의 사랑을 극적으로 표현한 것으로, 하나님의 인간에 대한 완전한 사랑이라 할 수 있습니다. 이런 예수님의 모습은 당시 세상 사람들이 이해하는 메시야 개념과는 정반대였습니다.

예수님이 당하신 고난(막8:27-16장) - 그는 왜 죽어야 하는가?

1) 예루살렘으로 가는 길 위에서(막8:27-10장)

예수님은 예루살렘의 십자가 죽음을 향해 여행을 하셨습니다. 그리고 여행 중에 예수님은 제자들을 가르치셨습니다. 교실이 아닌 노상(길)에서 행해진 제자훈련 학교입니다.

- 노상에 대한 언급을 찾아보십시오.

—막8:27, 9:33, 34, 10:17, 32, 46, 52

- 예수님은 지금까지 많은 기적을 베풀면서 자기를 드러내셨습니다. 제자들에게 낸 중간고사와 같은 시험 문제는 무엇입니까?

—막8:27-30

- 예수님이 말씀하신 자기의 정체성은 무엇입니까? 이것에 대한 베드로의 반응과 제자들을 향한 예수님의 가르침은 무엇입니까?

—막8:31-35

Tip 예수님은 제자들과 같이 동고동락하면서 자신이 누구인가를 알리는 데 관심을 가지셨습니다. 그러나 제자들은 쉽게 알아듣지 못했습니다. 다른 사람들과 달리 예수님을 바르게 신앙한다고 고백한 베드로조차도 막상 예수님의 죽음에 대해서는 잘 깨닫지 못했습니다.

이렇게 보면, 우리가 예수님을 이해한다는 것은 결코 쉬운 일이 아님을 알 수 있습니다. 입으로 고백하고 머리로 이해를 하지만 우리의 온 삶을 통해 예수님을 안다는 것은 쉽지 않습니다. 입으로 주님을 구주로 고백하면서도 우리는 여전히 세상에 속해 있을 때가 많음이 이것을 증명합니다.

- 예수님의 죽음 이야기를 듣고서도 제자들은 어디에 관심이 있었습니까? 예수님이 이 세상에 오신 목적은 무엇입니까?

—막10:35-45

Tip 예수님은 인간을 위해 자신이 제물이 되어 죽는 것이 삶의 목적이십니다. 그것이 가장 높은 길입니다. 이미 얻은 자는 더 이상 가질 것이 없습니다. 오직 자신을 남에게 주는 일만 남습니다. 남을 섬기면서 종의 모습으로 사는 것이 그리스도인의 삶입니다. 왜냐하면, 이미 모든 것을 얻었기에 더 이상 큰 것을 얻는 것은 의미가 없기 때문입니다. 그럼에도 우리는 여전히 제자들처럼 누가 크냐고 다투고 있습니다. 이것은 우리가 받은 구원의 가치를 모를 때 나타납니다.

2) 예루살렘 성전에서(막11-13장)

여기서부터 주님의 일주일 수난사가 시작됩니다. 마가는 그때의 모습을 집중적으로 그리고 있습니다. 마가는 예수님의 수난에 많은 관심이 있었음을 알 수 있는 부분입니다.

● 예루살렘 성전에 어떻게 입성을 하셨습니까?

예루살렘 성

—막11:9-10

● 예수님이 성전을 청결하신 일과 이 일로 당한 어려움을 말해 보십시오.

—막11:15-16, 18

Tip 나귀를 타고 예루살렘에 입성하신 예수님은 보통 왕과는 다른 모습입니다. 인류를 구원하는 의미인 호산나의 환호를 받으면서 입성하지만 그것은 힘과 폭력이 아닌 죽음을 통해서입니다. 사람들은 그런 예수님의 모습을 읽지 못했습니다. 예수님은 저주받은 무화과나무와 같은 예루살렘 성이 이제 저주를 받아 무너지게 될 것을, 성전 청결사건을 통해 드러내고 계십니다.

● 예수님이 헤롯당과 바리새인들과 논쟁하신 세금에 대한 내용은 무엇입니까?

—막12:13-17

● 사두개인들과 부활논쟁을 하셨는데, 예수님의 답변은 무엇입니까?

—막12:24-27

● 예수님이 지적한, 서기관들이 저지른 지도자로서의 잘못은 무엇입니까?

—막12:38-40

● 마지막을 의미하는 무화과나무의 비유에서 배울 수 있는 교훈은 무엇입니까?

—막13:28-37

이른 무화과

Tip 예수님은 바리새인과 헤롯당과 사두개인과 서기관들과 논쟁을 하면서 그들을 본받지 말 것을 경고합니다. 이러한 논쟁들을 통해서 그들의 위선적인 면과 성경을 오해하는 문제 등이 자연스럽게 드러나게 됩니다. 무화과나무 비유를 통해서는 성전의 멸망을 예고합니다. 당시 유대인들에게는 성전이 무너지면 모든 게 끝나는 것입니다. 이런 점에서, 이것은 그들에게 충격적인 사건이었습니다.

3) 십자가 죽음을 앞두고(막14장)

● 예수님의 죽음을 준비한 사람과 예수님을 팔아넘긴 사람은 누구입니까?

—막14:3-11

● 유월절 양을 잡는 첫날에 만찬을 하면서 예수님이 제자들에게 하신 기념비적인 일은 무엇입니까?

—막14:12, 22-25

● 예수님의 겟세마네 기도의 핵심 내용은 무엇입니까?

—막14:36

겟세마네

● 베드로는 어떻게 예수님을 부인합니까?

—막14:66-72

Tip 지금까지 예수님의 죽음 예고가 이루어지는 순간입니다. 유월절만찬을 통해서 예수님은 새로운 출애굽을 말씀하시며, 이제 동물의 피가 아닌 자신이 제물이 되어 새로운 피의 언약을 세움으로 새 시대가 열렸음을 말씀하십니다. 향유를 준비한 한 여자와 다르게 제자 중 하나인 유다는 예수님을 배반하고, 수제자 베드로는 예수님을 부인하는 일이 일어납니다. 겟세마네 기도를 통해서 제자들은 예수님의 죽음에 대해 아무런 대처를 하지 못하고 허둥대는 모습을 보입니다. 예수님이 십자가에 홀로 가시는 모습이 점차 부각되고 있습니다.

4) 십자가에서 죽음(막15장)

- 예수님이 고난당하신 모습을 말해 보십시오.

—막15:16-20

- 예수님을 십자가에 매달고서 사람들이 조롱한 내용은 무엇입니까?

—막15:29-32

빌라도의 비문

- 예수님이 십자가에서 죽으시는 장면을 정리해 보십시오.

—막15:33-41

Tip 마가는 예수님의 십자가 고난과 죽음을 간단하게 처리합니다. 구경꾼들의 조롱에도 예수님은 아무런 반응을 보이지 않습니다. 예수님의 절규는 하나님에게 철저히 버림받는 장면을 묘사하고 있습니다(막15:34). 성전의 휘장이 찢어지는 모습은 지성소에 더 이상 하나님이 계시지 않음을 보여 줍니다. 또 예수님의 죽음을 보고 이스라엘이 아닌 이방인 백부장이 하나님의 아들이었다고 고백하고, 제자들은 모두 사라지고 여인들만 예수님의 고통 가운데 함께하며, 제자들이 아닌 아리마대 요셉에 의해 장사 치러지는 모습이 마가복음에 그려집니다. 마가는 예수님의 주변 사람들을 오히려 중심으로 끌어내 강조합니다.

5) 그가 부활하다(막16장)

● 예수님의 부활을 처음 목격한 사람들은 누구입니까?

—막16:1-11

● 제자들은 예수님의 부활에 대해서 어떤 반응을 보였습니까?

—막16:11-14

● 예수님이 제자들에게 마지막으로 부탁하신 말씀은 무엇입니까?

—막16:15-18

● 예수님 승천 후에 제자들은 어떻게 변화되었습니까?

—막16:19-20

감람산 전경

Tip 마가는 부활사건 역시 아주 짧게 기록하고 있습니다. 그러나 핵심은 무덤이 비어 있다는 점을 강조한 것입니다. 여전히 제자들의 예수님 부활에 대한 불신이 언급되고 있습니다. 그러나 마지막은 제자들이 부활의 증인으로서 살아가는 것으로 마무리하고 있습니다. 마가복음은 전체 내용이 제자도에 집중하고 있고, 아울러 그 길이 결코 쉽지 않은 길임을 말합니다. 저자는 제자들처럼 두려워하며 십자가를 피할 것인가, 아니면 다른 소수의 무명 제자들처럼 담대하게 주님을 고백하면서 복음을 향해 나아갈 것인가를 묻고 있습니다. 특히 제자도를 강조하면서 "누구든지"(막3:29, 35, 8:34-35, 38, 9:35, 37, 41, 42, 10:11, 15, 43, 44, 11:23)라는 단어의 계속적인 언급은 이 복음서를 읽는 모두가 이 길을 가야 함을 은연중에 강조하고 있는 것입니다. 저자는 당시 제자의 길을 가다가 실패한 사람들을 염두에 두고 제자들의 제자도 실패를 강조했다고 볼 수 있습니다. 아마 그런 그들에게는 실패한 제자들의 이야기가 분명 기쁜 소식이 되었을 것이며, 그것으로 위로받았을 것입니다.

말씀과 삶

1. 마가복음을 공부하면서 예수님을 믿는다는 것은 무엇을 말하는지, 그 의미를 말해 보십시오.

2. 나는 예수님과 함께 죽기 위해 가는 제자입니까? 아니면 나의 욕구를 위해 예수님을 좇는 무리입니까?

3. 예수님에 대한 바른 이해를 가지지 못하면 우리도 실패한 제자들처럼 될 수 있습니다. 어떻게 하면 나도 주님의 좋은 제자로서 살아갈 수 있겠습니까?

누가복음

핵심구절(구원. 4:17-18, 19:10)

30년

준비시대 – 베들레헴, 나사렛, 유대에서 눅1-4:13

- 베들레헴 나사렛 → 예수님의 출생과 소년시절 이야기(1-2장)
- 유대 → 세례 요한과 성년예수님(3-4:13)

복음선포시대 – 갈릴리에서 눅4:14-9:50 →

–가난한 자
–병든 자
–눌린 자
–여인들
–이방인

3년

갈릴리 →

–나사렛과 가버나움에서 복음 사역(4장)
–제자를 부르시고 가르치심(5-6장)
–가난한 자들과 함께하는 복음(7-8장)
–예수님의 메시야 사명과 제자도(9장)

가르침과 교훈시대 – 예루살렘 여정길 눅9:51-19:27

구원(치유, 죄 사함) 17번(행–27번)

예루살렘 여정길 →

–제자도(9:51-11:13) - 말씀을 듣고 행하는 일이다
–예수님의 길거리 특강(12-18:34)
–여리고에서 예루살렘으로(18:35-19:27)

십자가 죽음시대 – 예루살렘에서 일주일간 눅19:28-23장

일주일

예루살렘에서 →

–예루살렘 성 입성(19장-21장)
–예수님의 십자가 죽음(22장-23장)

부활과 승천시대 – 제자들과 함께 눅24장

40일

예루살렘-엠마오-베다니 →

–예수님 제자들에게 나타나심(증인부탁)
–예수승천/ 제자들 성전에서 찬송하고 성에서 기다림

■ 십자가 죽음(구원)을 향한 여정길

예루살렘을 향하여(9:51) - 예루살렘을 향하여(9:53) - 예루살렘으로 여행(13:22) - 예루살렘으로 가실때에(17:11) - 예루살렘으로 올라가노니(18:31) - 예루살렘에 가까이 오셨고(19:11) - 예루살렘을 향하여(19:28) - "성을 보시고 우시며"(19:41) - "성전에서 백성을 가르치시며 복음을 전하실새"(20:1)

06

누가복음 1

누가복음의 예수님 – 사람의 아들이신 예수님

누가복음은 누가복음 1:1-4에 기록목적이 잘 나타나 있습니다. 역사적인 서술로서 누가 이야기는 구약성서에서 시작하여 예수님의 탄생, 생애, 죽음과 부활, 그리고 제2부라고 할 수 있는 사도행전에서 예수님을 믿는 그리스도인의 공동체인 교회에 이르기까지 연속된 여정을 묘사하고 있습니다. 누가는 이 이야기를 통하여 우리가 믿는 구원자이신 예수님은 누구이시고 믿음을 가진 그리스도인들은 누구이며, 제자들이 가져야 할 신앙의 본질은 어떻게 유지되어야 복음에 합당한 삶을 살 수 있는지를 가르치고 있습니다. 특히 누가는 예수님의 인성에 대해서 강조하면서 그의 어린시절과 인간적인 면을 그렸습니다. 우리의 상황과 역사 속에서 친밀하고 가깝게 예수님을 이해시키고자 했음을 알 수 있습니다. 누가복음을 읽으면서 멀게만 느껴졌던 예수님이 가깝게 다가오면, 내 마음에 주님을 영접하며 마음속에 계시는 주님을 새롭게 발견하도록 해야 할 것입니다.

1 준비시대(눅1-4:13) - 베들레헴, 나사렛, 유대에서

1) 예수님의 탄생에 대한 이야기(눅1-2장)

베들레헴 들판

예수님의 탄생은 갑자기 이루어진 것이 아닌 구약의 예언 성취 관점에서 일어난 사건입니다. 이것을 위해 예수님의 이야기를 구약의 이스라엘과 관련시키고 있습니다. 그리고 엘리사벳을 통한 세례 요한의 출생 이야기가 먼저 등장합니다. 이것은 구약에서 오리라고 말한 선지자의 출생을 자연스럽게 다윗의 자손 예수님의 탄생기사로 연결합니다.

- 세 개의 찬미 이야기가 나오는데, 그것은 무엇입니까?

—눅1:46, 67-68, 2:28

- 누가복음에만 기록된 예수님의 어린시절 이야기는 무엇입니까?

—눅2:40, 52

Tip 천사 가브리엘이 마리아에게 나타나 말한 데서 그것은 분명해집니다. "보라 네가 잉태하여 아들을 낳으리니 그 이름을 예수라 하라 그가 큰 자가 되고 지극히 높으신 이의 아들이라 일컬어질 것이요 주 하나님께서 그 조상 다윗의 왕위를 그에게 주시리니 영원히 야곱의 집을 왕으로 다스리실 것이며 그 나라가 무궁하리라"(눅1:31-33) 이것은 다시 마리아가 "우리를 위하여 구원의 뿔을 그 종 다윗의 집에 일으키셨다"(눅1:69)고 찬양하면서 다윗의 약속이 성취됨을 이야기하고 있습니다. 이렇게 태어난 예수님은 키가 자라고 지혜가 충만하여 하나님의 은혜로 성장했음을 누가는 기록하고 있습니다. 예수님이 갑작스러운 성장이 아닌 인간의 어린시절 등 정상적인 과정을 모두 거쳐 성장했음을 반복하여 강조하고 있습니다(눅2:40, 52).

나사렛 어린이

2) 세례 요한과 예수님(눅3-4:13)

- 예수님이 태어날 당시 로마의 통치 구역을 말해 보십시오.

티베리우스 황제

—눅3:1

- 구약에서 예언된 세례 요한과 예수님에 대한 내용은 무엇입니까?

—눅3:4-6

● 예수님이 광야에서 시험받으신 모습을 말해 보십시오.

—눅4:1-13

Tip 예수님의 공생애 사역을 위해 준비한 사람은 세례 요한입니다. 세례 요한은 메시야가 오는 길을 준비하는 사람이었습니다. 예수님이 광야에서 40일 동안 금식하시고 후에 사단에게 시험받으신 내용이 소개되고 있는데, 이것은 개인적인 사역을 위한 준비였습니다. 세 번에 걸친 사단의 시험을 말씀으로 이기시고 드디어 공생애를 시작하십니다. 이것은 사단이 시험을 했다기보다는 공생애 사역을 위한 하나님의 훈련 기간이었습니다. 예수님이 광야로 성령에 이끌려 가셨다는 것은 하나님이 프로그램에 따라 주도하신 일임을 알 수 있습니다.

2 복음선포시대(눅4:14-9:50) - 갈릴리에서

1) 나사렛과 가버나움에서 복음 사역(눅4장)

1세기 나사렛 회당

● 예수님이 회당에서 읽으신 자신에 대한 구약예언의 말씀은 무엇입니까?

—눅4:17-19

가버나움 회당

● 갈릴리 가버나움에서 어떤 병을 고치셨습니까?

—눅4:35-36, 38-41

가버나움의 베드로 집터

● 예수님이 갈릴리 여러 회당을 다니면서 하신 일은 무엇입니까?

—눅4:44

Tip 예수님의 복음은 주로 가난한 자 · 포로 된 자 · 눈먼 자 · 눌린 자에게 전파되는 복음이었습니다. 아무에게나 복음이 들리는 것이 아닌 복음을 필요로 하는 자에게, 마음으로 준비된 자에게 복음이 전해지는 것을 말하고 있습니다. 누가복음에는 이런 면에서 가난하고 소외된 자들이 많이 나옵니다. 그들은 복음을 듣기에 합당한 자들이기 때문입니다. 예수님은 귀신을 쫓아내시고 많은 병자를 고치십니다.

2) 제자를 부르시고 가르치심(눅5-6장)

● 제자 베드로를 부르신 이유는 무엇입니까?

갈릴리 바다

—눅5:10

● 원수에 대한 예수님의 가르침은 무엇입니까?

—눅5:27-36

Tip 예수님은 사역을 시작하시면서 다음세대를 이어갈 제자를 선택하십니다. 그리고 그들과 같이 복음 사역을 시작하십니다. 이것은 복음이 예수님만으로 끝나지 않고 계속됨을 의미합니다. 예수님은 앞으로 평생 동안 같이할 열두제자를 선택하십니다. 사역 초기에 임명하신 것은 생활로써 가르치기 위함입니다. 예수님은 제자들을 임명하시고 제자도의 본질을 가르치십니다(눅6:20-40). 마태복음에서는 이 부분이 산상수훈으로 내용이 길게 소개됩니다. 원수사랑에 대해서 말씀하시며, 함부로 남을 판단하지 말고 자기 자신을 돌아보면서 좋은 열매를 맺는 제자가 되라고 가르치십니다. 그리고 마지막으로는 말씀대로 순종하는 삶이 제자도의 핵심임을 말씀하십니다.

3) 가난한 자들과 함께하는 복음(눅7-8장)

- 예수님을 가까이했던 사람들은 어떤 사람들입니까?

—눅7:2, 12, 37, 8:2-3

현재 예루살렘의 소경

- 씨 뿌리는 사람의 비유는 사람의 어떤 모습을 그리고 있습니까?

—눅8:4-8

● 예수님의 가족관은 무엇입니까?

—눅8:19-21

Tip 당시 예수님의 복음을 듣고 받아들인 사람들은 주로 소외받는 사람들이었습니다. 이방인인 백부장, 나인성의 과부, 눈물과 향유로 예수님의 발을 씻긴 죄인, 귀신들린 사람, 헤롯의 청지기 아내와 여러 여자들입니다. 씨 뿌리는 사람의 비유는 말씀을 잘 받아들이는 사람들의 이야기를 그린 것입니다. 이런 사람들은 하나님의 뜻에 순종하기 좋은 요건을 갖춘 사람들입니다. 하나님의 나라에서는 말씀에 순종하는 사람들이 주님의 가족입니다

● 말씀을 듣고 순종할 때 어떤 일이 일어났습니까?

—눅8:24, 44, 54-55

● 이런 기적들을 통해 드러내고자 하는 것은 무엇입니까?

—눅8:25, 50

Tip 복음의 역사는 놀랍습니다. 이것은 말씀을 듣고, 순종하는 믿음을 가질 때 나타나는 기적입니다. 이것을 통해 예수님은 하나님의 아들임을 증명하게 됩니다. 갈릴리 바다의 풍랑을 잔잔하게 하심(눅8:22-25), 군대라는 귀신들린 거라사의 사람에게서 귀신을 쫓아내심(눅8:26-39), 회당장의 딸을 살리심(눅8:41-56), 12년 동안

혈루증을 앓던 여인을 고치심(눅8:43-48) 등은 모두 예수님이 하나님의 아들임을 드러내는 사건들입니다.

4) 예수님의 메시야 사명과 제자도(눅9장)

● 예수님의 메시야 사명은 무엇입니까?

—눅9:22, 44-45

● 예수님이 제자들에게 가르치신 제자도는 무엇입니까?

—눅9:23, 48

Tip 예수님은 제자들을 파송하시면서 그들에게 복음 전하는 능력을 주셨음을 복음 전파를 통하여 스스로 확인하게 하십니다. 실제로 제자들도 예수님처럼 복음을 전하자 병 고치는 일이 함께 일어납니다(눅9:6). 점차 복음이 예수님에게서 제자들에게로 체험적으로 훈련되는 것을 볼 수 있습니다. 그러나 제자들에게는 주어진 특권과 함께 감당해야 하는 사명이 있는데, 자기 십자가를 지고 주님을 따라가는 것입니다. 영광을 원한다면 고난을 감당해야 합니다. 영광은 거저 오는 것이 아닌 고난을 통해서 오는 하나님의 선물입니다.

말씀과 삶

1. 나는 예수님의 말씀을 받아들이기에 얼마나 좋은 마음의 밭입니까? 말씀에 순종하는 것을 통해서 점검해 보십시오.

2. 나는 주님이 가신 길을 어느 정도 따라간다고 생각합니까? 예수님의 비전과 나의 비전에서 같은 점을 찾아보십시오.

갈릴리 북쪽(아르벨에서)

07

누가복음 2

중심인물 : 누가

누가복음은 이스라엘 지리를 중심으로 이어지는 형식을 띠고 있습니다. 갈릴리에서 예루살렘까지 이어지는 여행 이야기입니다. 특히 누가복음은 예수님께서 예루살렘으로 가는 동안 벌어진 일을 다룬 긴 여행기입니다(눅9:51-19:27). 여기에는 누가복음에만 들어 있는 이야기들이 많습니다. 누가복음 후반부는 예루살렘을 향하여 올라가는 여정이 지리적으로 언급되어 있습니다. 물론 여기서 예루살렘은 영광이 아닌 죽음이요, 십자가의 고난입니다. 예수님의 심정을 생각하면서, 예수님의 예루살렘 여행길을 따라가면 도움이 될 것입니다.

가르침과 교훈시대(눅9:51-19:27) - 예루살렘으로 가는 여정

1) 제자도(눅9:51-11:13) - 말씀을 듣고 행하는 일이다

- 예수님은 왜 예루살렘으로 향하기로 굳게 결심하셨습니까?

—눅9:51

- 예수님을 따르는 제자들이 염두에 두어야 할 내용은 무엇입니까?

—눅9:57-62

Tip 이제 예수님은 기적을 일으킨 갈릴리 시대를 마감하고 점차 예루살렘을 향하여(눅9:51) 가고 계십니다. "예루살렘으로 향하여 간다"는 표현은 예수님이 십자가 죽음을 향해 간다는 것을 의미합니다. 제자들은 이것이 무슨 길인지 잘 몰랐지만, 예수님은 정확하게 자기가 어디로 가야하는지 그 목표지점을 잘 아셨음을 누가는 우리에게 보여 주고 있습니다. 예수님은 예루살렘을 향하여 가는 도중에 제자들을 가르치실 계획이셨습니다. 통행을 거부하는 사마리아 사람들의 태도는 복음의 수용성 여부를 보여 줍니다. 주님을 따를 때는 어떤 대가를 치러야 하는지 제자도의 교훈을 보여 주고 있습니다.

- 예수님의 말씀을 듣고 행하는 것에 대한 칠십 인 제자, 율법사, 마리아의 내용을 말해 보십시오.

—눅10:17, 28, 37, 39, 42

● 복 있는 자는 누구입니까?

—눅11:28

● 예수님의 말씀 듣기를 거부하는 서기관과 바리새인들의 모습은 어떠합니까?

바리새인들

—눅11:53-54

Tip 칠십 인 전도대를 파송하는 사건과 그들이 돌아와서 보고하는 내용을 통하여 예수님은 진정한 복음 전도자의 자세를 가르치고 계십니다. 율법사와의 대화를 통하여 사마리아 비유를 제시하면서 자비를 베푸는 삶을 강조하십니다. 마리아와 마르다 영접사건을 통하여 예수님을 받아들인다는 것은 곧 말씀을 받는 것임을 전하고 계십니다. 아울러 제자들에게 기도를 가르치시는 훈련 내용이 소개됩니다. 예수님은 다양한 내용과 방법을 통하여 제자들을 훈련하고 계심을 볼 수 있습니다. 반면에 말씀을 거부하는 서기관들과 바리새인들은 예수님을 죽이려고 합니다.

여행 포인트

"예수께서 승천하실 기약이 차가매 예루살렘을 향하여 올라가기로 굳게 결심하시고"(눅9:51)

"예수께서 예루살렘을 향하여 가시기 때문에 그들이 받아들이지 아니하는지라"(눅9:53)

2) 예수님의 길거리 특강(눅12-18:34)

- 예수님이 예루살렘을 향하여 가는 노정에서 제자들에게 가르치신 교훈은 무엇입니까?

1) 어리석은 한 부자의 비유(눅12:13-21)

2) 염려하지 말라(눅12:22-34)

3) 선지자는 예루살렘 밖에서 죽는 법이 없다(눅13:31-33)

4) 잃은 양, 잃은 드라크마, 잃은 아들 비유(눅15장)

양과 목자

5) 부자와 거지 나사로 이야기(눅16:19-31)

6) 바리새인과 세리 비유(눅18:9-14)

Tip 예수님은 예루살렘으로 가는 도중에 제자들에게 제자의 도에 관한 많은 내용을 말씀하셨습니다. 예수님은 복음을 따르는 길이 결코 쉽지 않음과, 가족들에게 냉대받을 것을 각오해야 함을 말씀하셨습니다(눅12:49-53). 겨자씨와 누룩의 비유를 통하여 하나님의 나라에 대해 가르치시고, 좁은 문으로 들어가는 것이 제자의 길임을 강조하셨습니다. 헤롯이 예수님을 죽이고자 한다는 말을 듣고 예수님은 "선지자가 예루살렘 밖에서는 죽는 법이 없느니라"(눅13:33)고 말씀하시며, 아무리 자기를 죽이려고 해도 그것이 불가능함을 말씀하십니다. 지옥에 떨어진 부자와 거지 나사로의 이야기는 돈을 좋아하는 바리새인들(눅16:14)에게 무서운 경고가 되었습니다.

여행 포인트

"예수께서 각 성 각 마을로 다니사 가르치시며 예루살렘으로 여행하시더니"(눅13:22)
"예수께서 예루살렘으로 가실 때에 사마리아와 갈릴리 사이로 지나가시다가"(눅17:11)
"예수께서 열두 제자를 데리시고 이르시되 보라 우리가 예루살렘으로 올라가노니"(눅18:31)

3) 여리고에서 예루살렘으로(눅18:35-19:27)

- 예루살렘과 가까운 여리고에서 일어난 두 가지 일은 무엇입니까?

—눅18:35-43, 19:1-10

여리고

Tip 예수님은 이제 예루살렘 가까운 여리고에 이르셨습니다. 마침 여리고 근방 길가에서 구걸하는 한 소경이 부르짖는 간절한 믿음을 보시고 사람들이 꾸짖는 것도 마다하지 않고 그를 고쳐 주십니다. 그는 예수님을 "다윗의 아들"이라고 부르면서, 예수님의 오심이 구약에서 말한 다윗의 자손으로 오시는 그 메시야임을 간접적으로 선포하고 있습니다.
여리고로 들어가셔서는 삭개오를 만나 그를 구원하시는데, 마지막까지 잃어버린 영혼을 찾아 구원하시는 주님의 복음 사역이 빛을 발하게 됩니다.

여행 포인트

"그들이 이 말씀을 듣고 있을 때에 비유를 더하여 말씀하시니 이는 자기가 예루살렘에 가까이 오셨고 그들은 하나님의 나라가 당장에 나타날 줄로 생각함이더라"(눅19:11)

2 십자가 죽음시대(눅19:28-23장) - 예루살렘에서 일주일간

이제 갈릴리에서 시작한 여행의 목적지에 도착하셨습니다. 예루살렘에 들어오신 것은 십자가에 죽기 위해서였습니다. 이것은 제자들에게 계속해서 하셨던 예언의 말씀으로, 그것을 실천하는 순간입니다. 그러나 제자들은 이 길이 정치적인 왕으로서 예루살렘을 접수하는 것이라 착각했습니다. 물론 백성들도 같은 생각으로 환영하면서 기뻐했습니다

(눅19:11). 마치 오랫동안 달려온 마라토너가 마지막 스타디움에 들어서는 장면과도 같습니다. 그러나 그것은 제자들이 생각했던 영광이 아닌 죽음이었고, 그것을 바라보며 들어오는 예수님의 모습은 결연합니다. 여기서부터 일주일간의 수난이 시작됩니다.

현재 예루살렘 성 바위 사원

1) 예루살렘 성 입성(눅19-21장)

- 예수님은 예루살렘 성을 보고 우셨는데, 그 이유는 무엇입니까?

—눅19:41-44

- 예수님이 성전에서 주로 하신 일은 무엇입니까?

—눅20:1, 21:37-38

- 예수님이 가르치신 교훈 중에서 포도원 농부의 비유 내용을 말해 보십시오.

—눅20:9-18

여행 포인트

"예수께서 이 말씀을 하시고 예루살렘을 향하여 앞서서 가시더라"(눅19:28)

"가까이 오사 성을 보시고 우시며"(눅19:41)

Tip 예수님은 날마다 성전에서 가르치는 일을 계속하셨습니다. 이것은 지금까지 행하셨던 일의 연속일 뿐입니다. 예수님은 죽음의 순간까지도 오직 한 가지 일에 매진하셨습니다. 그것은 하나님의 나라를 전하고 가르치는 일입니다. 주님의 일은 마지막까지 오직 복음을 전하고 가르치는 것이었습니다. 이것은 마지막 시대를 살아가는 우리가 해야 할 일을 제시하고 있습니다.

여행 포인트

"하루는 예수께서 성전에서 백성을 가르치시며 복음을 전하실새"(눅20:1)

2) 예수님의 십자가 죽음(눅22-23장)

대제사장 가야바 법정 가는 길

- 예수님은 어떻게 대제사장들에게 넘겨졌습니까?

—눅22:1-6

● 빌라도는 예수님의 죄를 찾지 못했음에도 어떻게 처리했습니까?

—눅23:22-25

● 십자가 달린 예수님을 보고 양편에 달린 죄수는 무엇이라 말했습니까?

—눅23:39-43

Tip 이제 본격적으로 예수님의 죽음을 둘러싼 음모와 사건들이 표면으로 드러납니다. 그것은 예수님의 제자였던, 돈을 맡은 유다의 배반으로 시작되었습니다. 처음부터 예수님은 자신의 예루살렘 행이 죽음의 길이고 인류를 위하여 죽어야 함을 아셨습니다. 그리고 그 일을 충성스럽게 완수하셨습니다. 비록 33년의 짧은 생애였지만, 그의 삶은 인류 구원의 길을 새롭게 열어 놓으셨습니다.

3 부활과 승천시대(눅24장) – 제자들과 함께

● 부활하신 주님은 누구에게 어떻게 나타나셨습니까?

—눅24:5, 13-15, 36

● 승천하시기 전에 예수님이 제자들에게 약속하신 말씀은 무엇입니까?

—눅24:48-49

Tip 누가복음은 부활이야기를 네 개의 복음서 중에서 가장 길게 언급하고 있습니다. 예수님의 죽음은 하나님의 계획과 예언의 성취에서 일어난 것이었습니다. 예수님은 제자들에게 이 일의 증인으로서 살아갈 것과 하나님이 약속하신 성령을 성에 머물도록 하면서 기다리라고 명하셨습니다. 그들을 데리고 베다니로 가서 축복하신 후에 하늘로 승천하셨습니다. 예수님이 제자들에게 마지막으로 하신 말씀은 지금까지 예수님의 생애와 사역이 무엇을 의미하는지, 또 그것을 받은 제자들이 어떻게 살고 그것을 위하여 보내실 성령님은 어떤 역할을 하는지 한마디로 잘 정리해 주고 있습니다. 이것은 누가복음의 2부와 같은 사도행전으로 계속 이어집니다.

말씀과 삶

1. 예루살렘을 향해 죽음의 길을 가신 예수님의 이야기를 통해 내가 깨달은 점은 무엇입니까?

2. 이 시간 하나님께 드릴 예수님에 대한 나의 신앙 고백을 말해 보십시오.

요한복음

핵심구절(영생, 믿음. 요20:28-31)

대중들

예수는 누구인가? 1-4장

- 서론적인 예수님의 소개 1장
- 표적을 통해 드러나는 정체성 2-4장
(가나혼인잔치, 성전청결, 수가성 여인, 왕의 신하)

↓ **표적들** ↓

증가하는 적대감과 불신 5-12장

- 계속되는 표적들
(38년 된 병자, 오병이어, 물위 걸으심, 나면서부터 소경된 사람, 나사로 죽음) → 예수형제불신 7:3-5

믿음에 대한 요약 12:37-50

1. 사람들의 표적에 대한 반응
2. 믿음에 대한 주님의 교훈(12:44-48)

2부 전환점

제자들

최후만찬과 다락방 가르침 13-17장

- 제자들 - 최후만찬 13장
- 다락방 설교 14장-17장

체포, 재판, 죽음, 부활 18-20장

결론
- –도마 - 참 믿음 소개(20:28-29)
- –요한의 기록목적(20:30-31)

개인

사명 부여 – 부록 21장

■ "나는 ……이다"

생명의 떡 · 세상의 빛 · 문 · 선한 목자 · 부활 · 생명 · 길 · 진리 · 참 포도나무

08

요한복음 1

요한복음의 예수님 – 하나님의 아들이신 예수님

요한복음은 예수님은 태초부터 하나님과 함께 계셨으며, 인간의 몸을 입고 성육신하신 분이 창조에 동참하신 그 말씀이라고 말합니다. 예수님은 하나님의 아들로서 생명과 영생을 주시는 분이고, 세상 죄를 지고 가는 어린양으로 묘사됩니다. 그런 이유로 요한복음은 유대인 절기를 배경으로 이야기를 서술하고 있습니다. 절기를 중심으로 하여 그와 관련된 의식들이 소개됩니다. 이것은 메시야로서 본인이 직접 제물이 되어 구원을 성취하는 부분입니다. 예를 들면 유월절1(요2:13–4:54)–안식일(요5:1–47)–유월절2(요6:1–71)–초막절(요7:1–10:21)–수전절(요10:22–42)–유월절3(요11:1–12:36)–마지막 유월절(예수님의 십자가 죽음)(요13:1–20:31) 등으로 이야기가 전개됩니다. 그리고 최후의 유월절로, 곧 자신이 십자가에 죽어 유월절의 어린양이 되면서 약속을 완전하게 성취하는 것으로 이야기가 전개되는 특징을 지니고 있습니다. 특히 예수님의 기적을 말하는 일곱 가지 표적과 "나는 ……이다" 형식의 일곱 가지 말씀을 통하여 예수님의 정체성을 이해하도록 도움을 줍니다. 요한복음은 공관복음과 느낌이 다릅니다. 메시야 비밀이 나타나지 않고 처음부터 공개적인 고백의 대상으로 예수님의 메시야 됨을 말합니다. 이번 과에서 다루게 될 요한복음 1–12장은 표적과 믿음에 대한 내용입니다.

1 예수는 누구인가?(요1-4장)

예수님은 누구이십니까? 그분은 하나님의 아들이십니다. 그러나 이것이 몸으로 쉽게 다가오지 않는 이유는 무엇입니까? 나에게 있어서 예수님은 어떤 분이십니까? 요한이 전해 준 복음을 통해 우리의 믿음이 정리된다면 큰 도움이 될 것입니다.

1) 예수님에 대한 증언(요1장)

● 요한은 성경 전체를 통해서 예수님에 대해 어떻게 소개합니까?

—요1:1-3, 14

● 세례 요한이 증거한 예수님의 모습은 무엇입니까?

—요1:29

● 나다니엘이 고백한 예수님은 누구십니까?

—요1:49

Tip 우리가 예수님을 믿는다는 것은 무엇입니까? 그것은 예수님을 어떤 분으로 이해하느냐에 따라 결정됩니다. 예수님은 태초부터 계셨던 하나님이십니다. 그분이 육신을 입고 어린양으로 오셔서 인류를 위하여 죽으셨습니다. 우리가 믿는 예수님은 하늘에만 계시는 분이 아닌 이 땅에 오신 예수님이요, 우리를 지배하시는 분이 아닌 우리를 위해 죽으신 분입니다.

2) 표적을 통해 드러나는 예수님의 정체성(요2-4장)

- 가나 혼인잔치 표적을 통해 나타난 예수님의 모습은 어떻습니까?

가나의 항아리

—요2:11

- 성전청결 표적을 통해 나타난 예수님의 모습은 어떻습니까?

—요2:19-21

- 사마리아 여인과의 만남에서 드러난 예수님의 모습은 어떻습니까?

사마리아

—요4:19, 25-26

● 왕의 신하의 아들을 고치신 사건을 통해 나타난 예수님의 모습은 어떻습니까?

—요4:50, 53

요한복음에는 표적들이 많이 나옵니다. 그래서 요한복음을 '표적의 책'이라고 말합니다. 예수님이 우리에게 표적을 행하신 것은 인간의 만족과 욕구를 채워 주시기 위해서가 아닌, 그 표적을 통해 예수님이 누구인가를 알리기 위해서였습니다. 요한복음은 표적을 따르기보다는 표적을 통해 예수님을 바르게 인식하기 위한 것이었습니다. 우리는 보이는 표적을 통하여 보이지 않는 믿음을 더욱 키워야 합니다.

2 증가하는 적대감(요5-12장)

믿음을 가진다는 것은 점점 더 어려워질 수 있음을 의미합니다. 세상에서 잘 되고 축복받는 것과는 다른 의미입니다. 주님에 대한 믿음을 깊게 가질수록 세상은 우리를 싫어하고 핍박할 것입니다. 주님이 나의 왕이라고 선명하게 고백하면 할수록 세상 속의 나는 힘들게 될 것입니다. 진리를 갖는다는 것은 비 진리와 맞서는 것을 말합니다.

1) 표적과 믿음(요5-7장)

● 38년 된 병자는 예수님에 대해 어떻게 고백합니까?

—요5:13, 15

● 유대인들이 이 일로 인하여 예수님을 어떻게 핍박합니까?

—요5:16, 18

오병이어 교회 모자이크

● 오천 명을 먹이신 예수님의 표적을 보고 사람들은 예수님에 대해 어떻게 고백합니까?

—요6:14-15

● 예수님의 형제들은 예수님에 대해 어떤 믿음을 가졌습니까?

—요7:3-5

Tip 표적과 믿음은 비례하지 않습니다. 표적이 많다고 해서 꼭 믿음이 커지는 것은 아닙니다. 오히려 믿음이 더 떨어질 수 있습니다. 표적을 통해서 예수님이 하나님의 아들 되심이 드러나면 사람들은 예수님에게 더 가까이 가게 될 것 같지만, 실제는 그렇지 못합니다. 표적을 통해 점차 믿음으로 들어가는 사람도 있지만 대부분은 믿음과 멀어집니다. 예수님을 만나 표적을 체험함으로 믿음이 생긴다기보다는, 믿음을 가짐으로 표적이 나타나는 것입니다. 표적이 목적이 아닌 믿음이 목적입니다.

2) 점점 더 커지는 적대감(요7-12:36)

- 예수님이 표적을 행하면 행할수록 믿기보다는 오히려 예수님을 죽이려고 합니다. 그 모습을 살펴보십시오.

—요7:19, 25, 30, 32, 44, 8:20, 40, 59, 10:30-33, 39

- 나면서부터 소경된 사람은 고침을 받고 예수님에 대해서 어떻게 고백했습니까?

—요9:17, 33

● 죽었다가 살아난 나사로의 표적을 통해 전하고자 하는 예수님의 의도는 무엇입니까?

—요11:15, 25-26

베다니 나사로 무덤

● 나사로가 살아난 표적으로 인하여 예수님과 나사로가 어렵게 되었는데, 그것은 무엇입니까?

—요11:53, 56-57, 12:10-11

Tip 예수님의 표적이 많아질수록 유대인들은 예수님을 죽이려고 합니다. 예수님의 신성이 드러나는 것은 곧, 예수님이 하나님이라는 것이 증명되는 것임으로 예수님은 표적을 행할수록 입지가 좁아집니다. 그리고 위험이 더 심해집니다. 나사로가 살아난 표적을 통해서 이것은 절정을 이루게 됩니다. 이 표적으로 예수님뿐 아니라 나사로까지 죽임을 당할 위험에 처한다는 점에서 클라이맥스와 같습니다. 이를 통해 예수님은 자기가 죽음에 가까운 줄 아시고 십자가로 한걸음 다가서기 시작하십니다.

3) 믿음에 대한 요약(요12:37-50)

● 사람들은 예수님이 표적을 많이 행하자 어떻게 반응했습니까?

—요12:37-40, 43

● 믿음에 대해 우리에게 주는 주님의 교훈은 무엇입니까?

— 요12:44-48

Tip 표적은 눈으로 보는 것입니다. 믿음은 마음으로 보는 것입니다. 눈으로 믿는 표적보다는 마음으로 믿는 보이지 않는 믿음이 우리가 가져야 할 자세입니다. 요한은 이런 점에서 표적신앙의 위험성을 말해 주고 있습니다. 우리가 예수님을 믿는 것은 표적을 보고 믿은 것이 아닙니다. 예수님을 보지 않고 믿었습니다. 과연 예수님을 믿는다는 것은 무엇일까요? 그리고 예수님을 믿지 않으면 어떤 일이 일어날까요? 요한복음을 통해 우리는 이것이 분명하게 정립되어야 합니다.

말씀과 삶

1. 나에게 눈에 보이는 표적과 같은 체험이 있었습니까? 그것을 통해 내가 얻은 것은 무엇입니까?

2. 예수님에 대한 믿음을 가짐으로 인해 당하는 고난이 있으면 말해 보십시오.

09

요한복음 2

중심인물 : 요한

요한복음은 다른 복음서와 다르게 비유가 전혀 등장하지 않고 대신 상징적인 언어가 많습니다. 귀신을 쫓아내고 광야의 시험이나 변화산 사건과 주의 만찬 사건이 언급되지 않습니다. 생명에 대한 강조가 두드러지며 짧은 격언보다는 긴 설교형태로 되어 있습니다. 요한복음을 잘 읽기 위해서는 풍부한 상징어의 이해를 가져야 합니다. 그리고 전체가 설교조로 되어 있어 마치 구약의 모세오경 신명기와 같은 역할을 합니다. 요한복음은 창세기부터 시작하여 정리하고 있어 예수님을 성경적으로 간단히 정리하는 데 유익합니다. 전체적으로 "예수는 곧 하나님의 아들이다"라는 사실을 증명하는 측면에서 요한은 이야기를 진행하고 있습니다. 특히 예수님은 유대인뿐 아니라 세상 모든 사람을 위하여 죽으심을 말하고 있습니다. 공관복음서에서는 "하나님의 나라"라는 말을 주로 사용하지만 요한복음에서는 "영생"이라는 말을 사용합니다(하나님의 나라 표현은 두 번(요3:3, 5)). 이번 과에서 다루게 될 요한복음 13-21장은 예수님의 수난과 영광의 내용을 담고 있습니다. 이것은 예수님이 말씀을 가르치시고 그 말씀대로 직접 죽으신 것으로 하나님의 영광을 드러내고 있습니다.

최후의 만찬과 다락방 가르침(요13-17장)

1) 제자들과 최후의 만찬 (요13장)

- 예수님은 자기의 죽음에 대해 어떻게 이해하셨습니까? 그리고 행한 일은 무엇입니까?

—요13:1-5

- 예수님이 제자들의 발을 직접 씻기신 이유는 무엇입니까?

—요13:12, 14-15, 17

마가의 다락방

- 예수님이 주신 새 계명의 내용은 무엇입니까?

—요13:34-35

Tip 예수님은 여러 가지 표적으로 인하여 오히려 더 어려움을 당하면서 죽음의 때에 이르게 됩니다. 자기가 죽을 것을 아신 주님은 마지막 만찬을 제자들과 함께 나눕니다. 요한복음에는 최후의 만찬 내용이 색다릅니다. 발을 씻기는 장면이 자세하게 언급되고 있습니다. 이것은 행함으로 전하는 죽음에 대한 예수님의 메시지입니다. 예수님의 십자가 죽음은 인류를 섬기는 종의 모습을 가질 때만이 가능한 일입니다. 요한복음은 성찬식에 대한 내용은 없는 반면에 가룟 유다의 배반에 대한 내용은 자세하게 그리고 있습니다(요13:2, 10-11, 21-30). 특히 "사랑하라"는 예수님의 새 계명은 요한복음에만 나옵니다.

2) 다락방 설교(요14-17장)

● 최후의 만찬을 하신 후에 다락방에서 가르치신 내용을 간단히 정리해 보십시오.

유월절에 먹는 무교병 빵

—예수님 정체성(요14:6)

—믿는 자들에게 주는 특권(요14:12-14)

—성령의 약속과 역할 (요14:16-17, 26)

—예수님과 제자들의 관계 비유(요15:5)

—말씀을 지키는 자에게 주는 복(요15:14)

—제자들의 고난에 대한 예고(요16:22-32)

—기도의 핵심(요17:11, 17, 23)

Tip 흔히 고별 담화라고 말하는 최후의 만찬 후에 다락방에서 행한 예수님의 긴 교훈은 많은 분량(요14-17장)을 차지하고 있습니다. 이것은 예수님이 죽음에 임박하여 전하는 고별 메시지로 이해할 수 있습니다. 예수님은 누구시며, 예수님과 하나님과 우리와의 관계를 통해 우리의 신앙 정체성을 가르쳐 주고 계십니다. 또 예수님은 자신이 떠난 후에 제자들에게 다가올 고난에 대해 말씀하시면서 환란을 당하나 결국 승리할 것임을 말씀하고 계십니다. 이런 제자들의 좁은 길을 도와주는 성령의 약속은 새로운 희망을 보여 주는 대목입니다. 성령은 전적으로 예수님의 증거를 전하게 하고 믿게 하는 역할을 합니다.

2 체포, 재판, 그리고 죽음(요18-19장)

● 사람들은 예수님을 잡아서 누구에게 데리고 갔습니까?

—요19:12-14

● 예수님의 심문과정에서 빌라도와 나눈 대화를 말해 보십시오.

—요18:33-38

● 빌라도는 마음에 내키지 않았지만 어떻게 재판을 했습니까?

—요19:12-16

빌라도 법정

● 예수님은 죽으실 때 마지막으로 어떤 말씀을 하셨습니까? 구체적으로 말씀이 이루어진 것 하나를 든다면 무엇입니까?

—요19:30, 36-37

Tip 빌라도는 무죄한 예수님을 심판하면서 본인은 의식하지 못하지만 결과적으로 자신에 대해서는 유죄의 심판을 동시에 내리고 있습니다. 진리를 아는 예수님과 진리를 알지 못하는 빌라도 사이에 묘한 긴장 관계가 있습니다. 예수님은 십자가상에서 "다 이루었다"고 말씀하시면서 그의 구원 사역이 완성되었음을 요한은 강조하고 있습니다. 예수님은 이 세상에 말씀을 이루기 위해서 오셨습니다. 십자가에서 죽으신 것도 결국은 하나님의 말씀에 응하기 위해

로마 백부장

서입니다. 예수님의 죽음은 세상 인간들의 죽음과는 근본적으로 다릅니다. 예수님의 죽음은 하나님에 의해 세상이 창조되기 전에 하나님과 함께 가졌던 영광의 자리로 돌아감을 의미합니다(요17:5).

3 부활과 그 이후(요20-21장)

1) 부활

● 부활 후에 제자들에게 나타나셔서 하신 말씀은 무엇입니까?

—요20:19-23

____

____

● 도마는 부활의 주님을 만난 후에 어떤 고백을 했습니까? 이것에 대한 예수님 믿음의 결론적인 교훈은 무엇입니까?

—요20:28-29

____

____

Tip 부활하신 예수님은 다시 제자들에게 찾아오셔서 그들에게 평강과 성령을 약속하십니다. 이것은 예수님의 관심과 모든 사역이 제자들에게 초점을 두었음을 말하는 부분입니다. 특히 예수님은 도마를 통해서 진정한 믿음은 표적을 보고서가 아닌 말씀을 믿음으로써 생겨남을 결론적으로 강조하십니다. 도마는 예수님 이후에 예수님을 보지 않고 믿는 후대의 사람들에 대한 본보기가 된다는 점에서 중요합니다. 이것은 요한복음의 결론이기도 합니다.

2) 정리

- 요한복음을 기록한 목적은 무엇입니까?

—요20:30-31

- 예수님이 베드로에게 주신 마지막 사명은 무엇입니까?

—요21:15-17

갈릴리 서쪽 해안

Tip 가장 좋은 믿음은 무엇입니까? 그것은 예수님을 보고서가 아닌 말씀을 통해서 믿는 믿음입니다. 이것이 요한이 우리에게 강조하고 있는 부분입니다. 만약 후대 사람들이 예수님을 보고서 믿으려고 한다면 아무도 믿지 못할 것입니다. 보지 않고 믿는 믿음으로 말씀을 전하고 가르치는 일에 충실해야 합니다. 베드로를 통하여 주신 말씀을 먹이고 치는 사명은 오늘날 우리가 기억해야 할 우리의 사명이기도 합니다. 우리는 말씀이 육신이 되어 오신 주님을 우리가 받은 말씀을 통해서 잘 이해할 수 있습니다. 기록된 말씀을 통해 우리 믿음의 지경을 넓혀야 합니다.

요한복음의 특징 - "나는 …이다"

—나는 생명의 떡이다(요6:48)

—나는 세상의 빛이다(요8:12)

—나는 문이다(요10:9)

—나는 선한 목자다(요10:11)

—나는 부활이요, 생명이다(요11:25)

—나는 길이요, 진리요, 생명이다(요14:6)

—나는 참포도나무다(요15:1)

말씀과 삶

1. 나는 예수님처럼 남의 종이 되는 십자가의 삶을 인생의 목표로 삼고 있습니까?

2. 나는 예수님에 대한 믿음을 크게 하기 위해서 어떤 것을 구합니까? 보이는 표적이나 체험입니까? 아니면 보이지 않는 말씀입니까?

저자 **이대희 목사**

장로회신학대학교 신학대학원(M.Div)과 연세대학교 연합신학대학원(Th.M)을 졸업하고 에스라성경대학원대학교에서 성경학박사(D.Liit) 과정을 마쳤다. 예장총회교육자원부 연구원과 서울장신대 교수와 겸임교수를 역임했으며, 분당에 소재한 대안학교인 독수리 기독중고등학교에서 청소년에게 성경을 수년 동안 가르쳤다. 극동방송에서 〈알기 쉬운 성경공부〉 〈기독교 이해〉 〈크리스천 가이드〉 〈전도왕백서〉 〈습관칼럼〉 등 신앙양육 프로그램을 진행했다. 저자는 성경공부와 성경교육 전문사역자로 지난 25여 년 동안 성서사람·성서교회·성서한국·성서나라의 모토를 가지고 한국적 성경교육과 실천사역을 위한 집필과 세미나, 강의사역 등을 하고 있다. 현재 바이블미션 대표와 예즈덤성경교육원 원장, 꿈을주는교회 담임목사로 있다. 저서로는 『30분 성경공부』 시리즈, 『아름다운 십대 성경공부』 시리즈, 『투데이 성경공부』 시리즈, 『틴꿈십대 성경공부』 시리즈, 『인성과 창의력을 중시하는 유대인의 탈무드식 자녀교육법』, 『이야기대화식 성경연구』, 『성품성경공부』 시리즈, 『맛있는 성경공부』, 『맥잡는 기도』, 『전도왕백서』, 『자녀 축복 침상 기도문』, 『누구나 쉽게 배우는 쉬운 기도』, 『예즈덤 성경영재교육』, 『크리스천이여 습관부터 바꿔라』 등 200여 권의 저서가 있다.
e-mail: ckr9191@hanmail.net

성경, 한눈에 쏘옥~

틴~꿈 십대성경공부 | 성경개관 시리즈 4-성경파노라마 신약1

초판1쇄 발행일 | 2009년 3월 25일
초판4쇄 발행일 | 2017년 7월 21일

지은이 | 이대희
펴낸이 | 김학룡
펴낸곳 | 엔크리스토
마케팅 | 이동석, 유영진
관리부 | 신순영, 정재연, 박상진, 김정구

출판등록 | 2004년 12월 8일(제2004-116호)
주 소 | 경기도 고양시 일산동구 장대길 74-10
전 화 | (031) 906-9191 팩 스 | (0505) 365-9191
이메일 | 9191@korea.com
공급처 | 기독교출판유통

* 잘못된 책은 바꾸어 드립니다.
* 책값은 뒤표지에 있습니다.

* 이 교재의 사용방법 · 내용 · 교육 · 강의와 세미나에 대한 문의는 예즈덤성경교육원(02-403-0196, 010-2731-9078. http://cafe.naver.com/je66)으로 해주세요. 카페에 각과 내용에 대한 동영상 강의 자료가 있습니다. 참고하시기 바랍니다. 매주 월요일에 엔크리스토 성경대학 지도자 훈련코스가 있습니다(개관반 · 책별반 · 주제반 · 성경영재교육반). 1년에 4학기(봄, 여름, 가을, 겨울)로 운영됩니다.

엔크리스토 성경공부 양육 교재

투데이 성경공부

평생 성경공부할 수 있도록 구성한 시리즈. 주제별로 구성되어 있어 각 교회의 상황에 맞게 커리큘럼을 재구성하여 사용할 수 있다.

101 신앙기초(전 9권 완간) | 201 예수제자(전 9권 완간) | 301 새생활(전 12권 완간)
601 성경개관(전 10권 완간) | 401 · 501 발간 예정

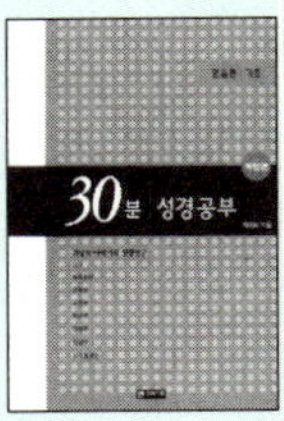

30분 성경공부

신앙생활의 기초를 다루었으며 신앙의 전체 그림을 그릴 수 있는 2년 과정의 소그룹 성경교재다. 성경공부를 시작할 때 사용하면 효과적이다.

믿음편 | 기초 · 성숙　생활편 | 개인 · 영성 · 교회 · 가정 · 이웃 · 일터 · 사회 · 세계
성경탐구편 | 창조시대 · 족장시대 · 출애굽시대 · 광야시대 · 정복시대/사사시대 · 통일왕국시대 · 분열왕국시대 · 포로시대/포로귀환시대 · 복음서시대1 · 복음서시대2 · 초대교회시대 · 서신서시대

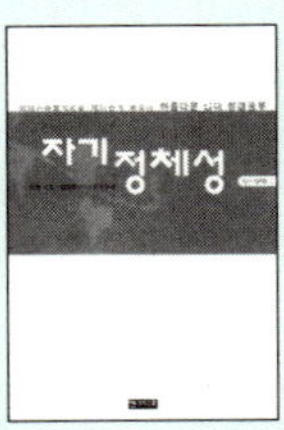

아름다운 십대 성경공부

십대들이 꼭 알아야 할 성경의 핵심내용과 기독교적 가치관, 세계관을 정립하는 데 필요한 핵심주제를 담고 있으며, 3년 과정으로 구성되었다.

101 자기정체성 · 복음 만남 · 신앙생활 · 멋진 사춘기 · 예수의 사람(전 5권)
201 가치관 · 믿음뼈대 · 십대생활 · 유혹탈출 · 하나님의 사랑(전 5권)
301 비전과 진로 · 신앙원리 · 생활열매 · 인생수업 · 성령의 사람(전 5권)

틴꿈 십대성경공부

성경 전체의 내용을 핵심적으로 구성되었으며, 성경 파노라마를 통해 십대들이 알아야 할 성경의 맥과 개관을 다루고 구약책과 신약책 중에서 십대에 맞는 책을 선택하여 집중적으로 유형별로 균형 있게 공부할 수 있다.

1년차 성경개관 | 성경파노라마 1, 2, 3, 4, 5(전5권)
2년차 구약책 | 창세기 · 에스더 · 다니엘 · 잠언 · 전도서(전5권)
3년차 신약책 | 누가복음 · 로마서 · 사도행전 · 빌립보서 · 요한계시록(전5권)

• 틴~ 꿈 새가족 양육교재